北欧フィンランドの伝統装飾
ヒンメリをつくる

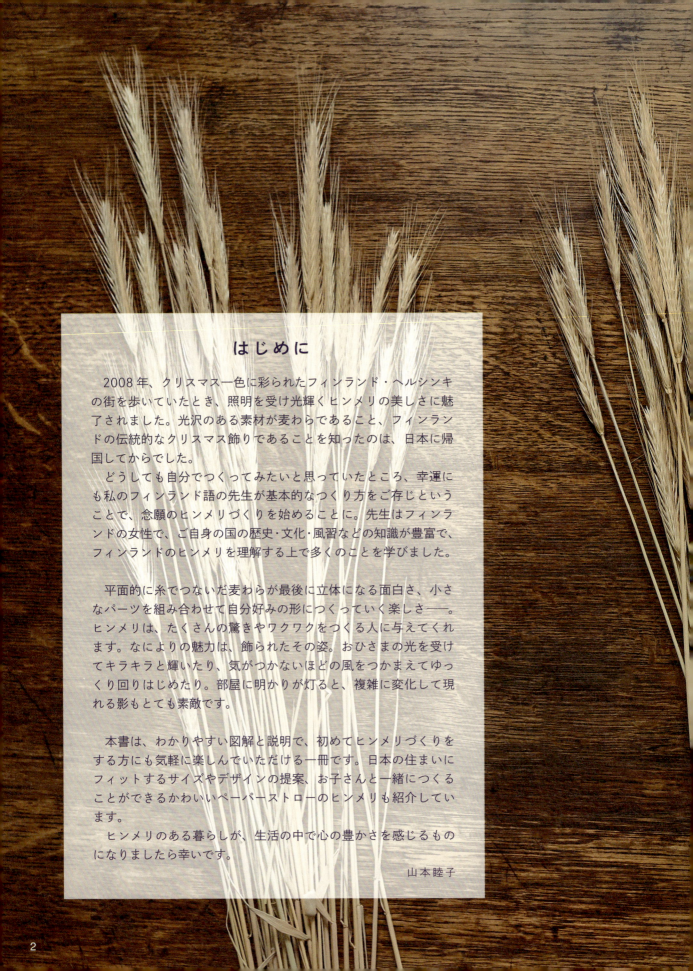

はじめに

　2008年、クリスマス一色に彩られたフィンランド・ヘルシンキの街を歩いていたとき、照明を受け光輝くヒンメリの美しさに魅了されました。光沢のある素材が麦わらであること、フィンランドの伝統的なクリスマス飾りであることを知ったのは、日本に帰国してからでした。

　どうしても自分でつくってみたいと思っていたところ、幸運にも私のフィンランド語の先生が基本的なつくり方をご存じということで、念願のヒンメリづくりを始めることに。先生はフィンランドの女性で、ご自身の国の歴史・文化・風習などの知識が豊富で、フィンランドのヒンメリを理解する上で多くのことを学びました。

　平面的に糸でつないだ麦わらが最後に立体になる面白さ、小さなパーツを組み合わせて自分好みの形につくっていく楽しさ——。ヒンメリは、たくさんの驚きやワクワクをつくる人に与えてくれます。なによりの魅力は、飾られたその姿。おひさまの光を受けてキラキラと輝いたり、気がつかないほどの風をつかまえてゆっくり回りはじめたり。部屋に明かりが灯ると、複雑に変化して現れる影もとても素敵です。

　本書は、わかりやすい図解と説明で、初めてヒンメリづくりをする方にも気軽に楽しんでいただける一冊です。日本の住まいにフィットするサイズやデザインの提案、お子さんと一緒につくることができるかわいいペーパーストローのヒンメリも紹介しています。

　ヒンメリのある暮らしが、生活の中で心の豊かさを感じるものになりましたら幸いです。

山本睦子

はじめに	2
ヒンメリの歴史	6

麦わらでつくるヒンメリ……………7

			HOW TO MAKE
A	正八面体のコンビネーション	8	64
B	正八面体が入れ子になったコンビネーション	10	65
C	正八面体と八面体のコンビネーション	12	66
D	ディメンシオ	14	67
E	窓のヒンメリ	16	68
F	正八面体の連続	17	69
G	シンメトリア	18	70
H	フェルトボールを使ったアレンジ A	22	72
I	フェルトボールを使ったアレンジ B	24	75
J	麦わらのポンポンを使ったアレンジ	26	76
K	ジオメトリックタワー	28	80
L	ウッドビーズを使ったアレンジ	30	83
M	正八面体をベースにした星型	34	84
N	八面体をベースにした星型	35	85
O	八面体のモビールアレンジ	36	86
P	フリーコンポジション A	38	88
Q	フリーコンポジション B	39	90
R	正八面体をベースにした星型	40	92
S	正二十面体	41	94

COLUMN 短い麦わらはガーランドやオーナメントに	20
COLUMN 経年変化を楽しむ	32

麦わらヒンメリの材料と道具 44
ヒンメリづくりの共通作業 46
基本パーツのつくり方 50
HOW TO MAKE　ヒンメリのつくり方 63

ペーパーストローでつくるヒンメリ 95

COLUMN　ペーパーストローヒンメリへの想い 97

			HOW TO MAKE
T	ベーシック A	98	106
U	ベーシック B	99	106
V	デコ A	100	108
	デコ B	101	108
W	キネティック	102	109
X	キエッコ	104	110

ペーパーストローヒンメリの材料と道具 105
HOW TO MAKE 106

ヒンメリの歴史

　フィンランド伝統の装飾品ヒンメリの歴史は、中央ヨーロッパが起源とされ中世の時代まで遡ります。もともとは8〜9月に行なわれていた収穫祭を祝うテーブルの装飾が、ヒンメリの原形とされています。その当時の家は簡素な造りで、収穫祭のごちそうが並ぶテーブルにほこりや虫が落ちてこないように食卓の上の天井を大きな布で覆っていました。その端につけていた「麦の飾り」がヒンメリのはじまりです。屋根の構造がしっかりしてきた時代には大きな布は使用されなくなりましたが、飾りを下げる習慣は残り、今に伝わるヒンメリへと変化していきます。
　ヒンメリの語源は、ドイツ語の HIMMEL に由来し「天」を意味します。中央ヨーロッパで生まれた収穫祭の様式はスウェーデンを経由して、少しずつフィンランドに広がっていきました。

　材料は主にライ麦のわらを使いますが、他にも葦、柳の枝、木材も用いています。1800年代農村地帯で行なわれる収穫祭では、男女問わず集まってヒンメリづくりをしました。その頃人々は点々と離れた場所に暮らし、人に会う機会も少なく、ヒンメリをつくることは若い人にとって出会いの場でもありました。
　感謝と翌年の豊作、そしてつくる人たちの願い……。「子供たちが病気をしないで家族全員が健やかに過ごせますように」「飼っている動物たちも元気でありますように」「来年も天候に恵まれますように」。それぞれの想いを込めてつくり1年間飾ります。ある地方ではヒンメリのことを麦わらのシャンデリアと呼んでいます。電気のない時代、キャンドルの明かりが灯るテーブルの上で、希望の象徴として美しく輝いていたことでしょう。

　時が移りヒンメリを飾る時期は、キリスト教の広まりと共にクリスマスへと移行し長く定着しています。一時期ヒンメリに適しているライ麦の入手が難しくなったことや、つくり手の減少でフィンランドのヒンメリは衰退しましたが、ライ麦以外の自然素材や新しいマテリアルを用いたヒンメリも登場しました。フィンランドでは今の時代にフィットする形で「ヒンメリをつくる・飾る」文化が生き続けています。

2016年取材
フィンランド国立博物館

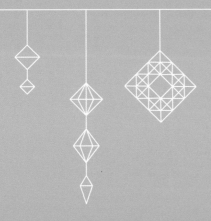

麦わらでつくる
ヒンメリ

麦わらと糸だけでつくるヒンメリは
ナチュラルな風合いが魅力。直線が織り成す
立体の造形美をたっぷり紹介します。

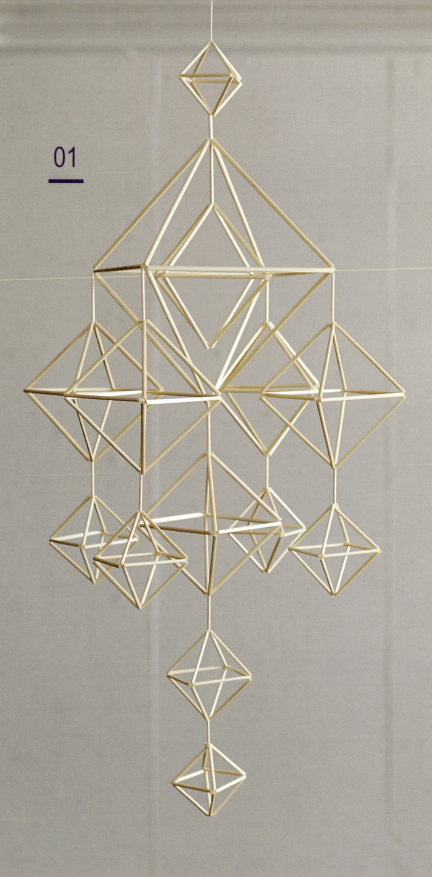

01

正八面体のコンビネーション

基本的な正八面体のパーツを組み合わせるだけなので、初めてつくる方にもやさしいデザイン。ボリューム感がありインテリアとしての存在感も十分です。

HOW TO MAKE P.64

02

B

正八面体が入れ子になった コンビネーション

正八面体のパーツを繊細に重ねたデザインは、華やかでいてクラシックな佇まい。入れ子になるヒンメリの横軸を揃えるのが美しく仕上げるポイントです。

HOW TO MAKE P.65

◇ C

正八面体と八面体の
コンビネーション

小さなサイズのヒンメリは、細い麦わらを選んでつくると繊細さが際立ちます。長さ40cmほどの手ごろなサイズで、飾る場所を選ばないのも魅力です。

HOW TO MAKE P.66

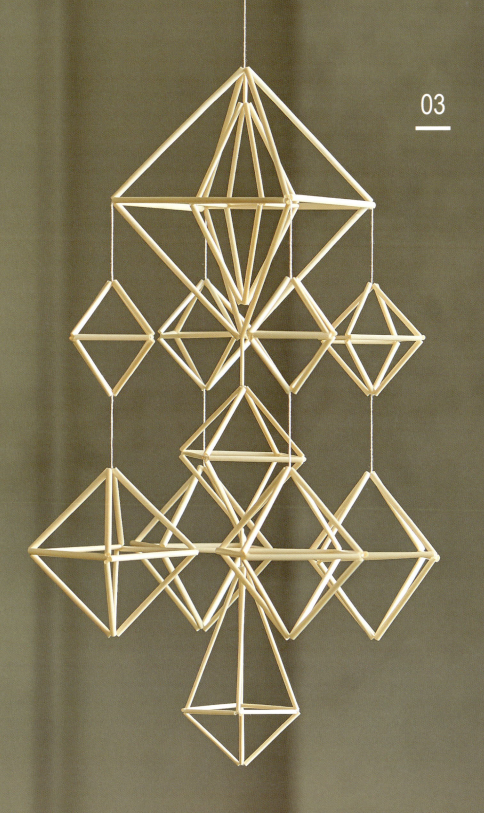

◇ D

ディメンシオ

アームとの一体感で、小ぶりながらも存在感は十分。万華鏡のようにクルクルと変わる表情を楽しんで。

HOW TO MAKE P.67

04

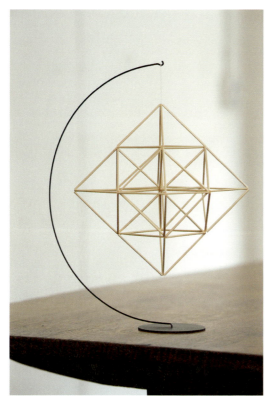

窓のヒンメリ

「Ikkuna Himmeli(窓のヒンメリ)」という伝統的な形をシンプルにアレンジ。直径22cm、厚み8cmほどのサイズなので、窓辺にも気軽に飾れます。

HOW TO MAKE P.68

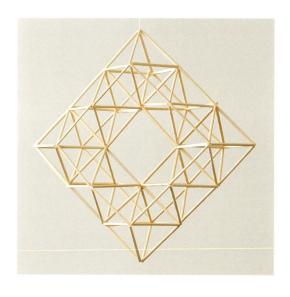

05

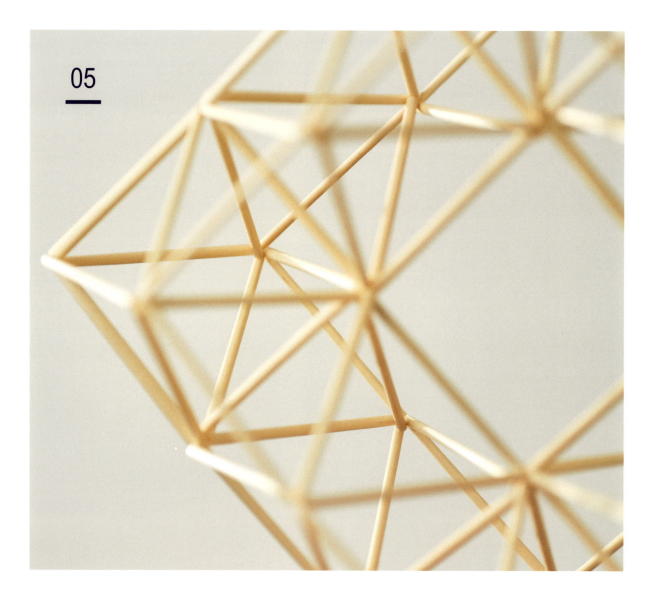

正八面体の連続

小さな正八面体をいくつもつなぎ、オーロラのように流れるヒンメリに。それぞれの糸の長さや配置を変えると、いく通りもの形が生まれます。

HOW TO MAKE P.69

07

シンメトリア

直径60cmの大きさと美しいシンメトリーが印象的。ろうそくの灯のように静かに揺らぐ小さなヒンメリがアクセントになっています。

HOW TO MAKE P.70

短い麦わらはガーランドやオーナメントに

　ヒンメリは、麦わらをいろいろな長さに切って使います。その際、作品には使いづらい中途半端な長さのものや、麦わらの端が少し欠けたものなどがたくさん出てしまうのですが、この麦わらたちもいつか何かに使うかも……と、ずっと捨てられずにいました。

　そんなある日、フィンランドの手芸雑誌の中に、短い麦わらを使った装飾品の記事を見つけました。これなら麦わらをすべて使いきることができる！と、とてもうれしくなり、集めていた短い麦わらを使って自分なりのアレンジでつくってみました。麦わらに針を通してつなげるだけのとてもシンプルな作業。生成りのウッドビーズやフェルトパーツと組み合わせると、ナチュラルで品のよいガーランドができました。また麦わらを水で柔らかくして中心を赤い糸で結び放射状に広げて、星やハートの形にカットすれば、クリスマスツリーのデコレーションにぴったりのオーナメントにも。

　麦わらを余すところなく大切に使いたい、そんな想いから生まれたアイデアです。自由な発想で麦わらリユースを楽しんでください。

フィンランド国立博物館前で行なわれる「クリスマスツリーフォレスト」というイベントで飾られていたオーナメント。趣向を凝らした麦わら細工の飾りが、ツリーに華やかさを添えていました。

赤がアクセントカラーの伝統的な麦わら細工たちは、西フィンランドを旅した時に出合いました。上段は古くから伝わる妖精トントゥ（tonttu）の麦わら細工。サンタクロースのお手伝いもするのだそう。下段は雄ヤギをかたどったオルキプッキ（olkipukki）です。

Bonus Item

08

麦わらガーランドの つくり方

材料

たこ糸　150cm〜
● 短い麦わら
※乾いた状態で麦わらの長さを揃える
● ウッドビーズ　適量（①5mm／②10mm）

つくり方

図①②のとおりに、麦わらとウッドビーズを交互に糸に通す。これを好みの長さになるまで繰り返す。
※糸は、つなぎ始めは玉結び、つなぎ終わりは玉留めし、木工用ボンドを少量付け、糸がほどけないようにする。残りの糸はギリギリの箇所でカットし、糸処理をする。

図①
図②

フェルトボールを使ったアレンジ A

八面体を上下左右につないでいくことで、建造物のような立体が生まれます。赤いフェルトボールは、ほどよいカジュアル感を演出します。

HOW TO MAKE P.72

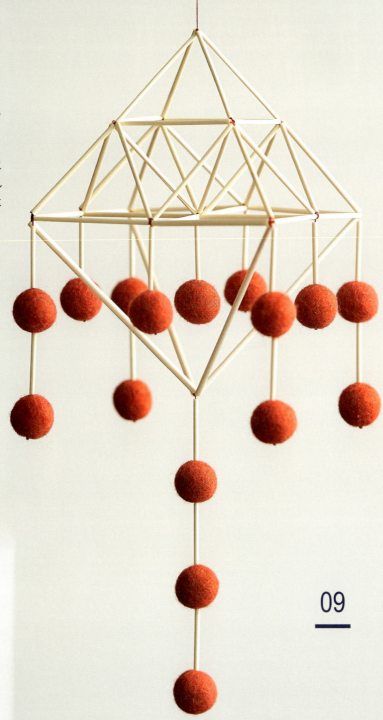

09

フェルトボールを使った
アレンジ B

温かみのあるフェルトボールが、麦わらのナチュラルなテイストと好相性。ベッドメリーにもなるので、出産のお祝いにも。

HOW TO MAKE P.75

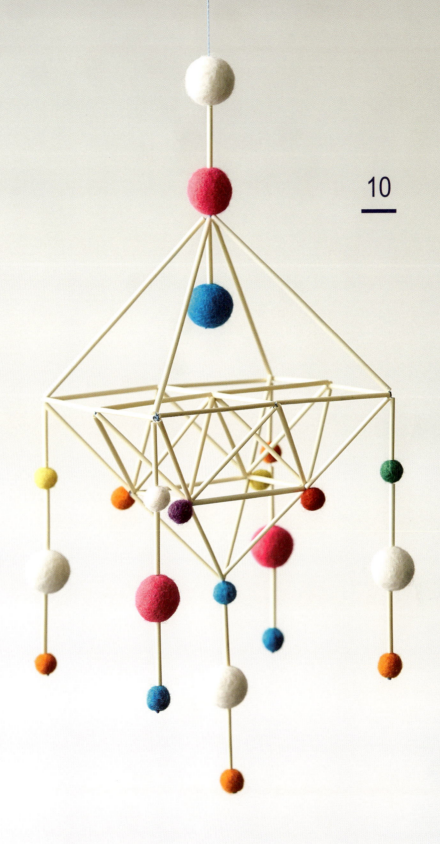

10

麦わらのポンポンを使ったアレンジ

伝統的なピラミッド型のデザインが、空間を大胆に彩ります。短めの麦わらでつくったポンポンで、ナチュラルなかわいらしさを表現しています。

HOW TO MAKE P.76

11
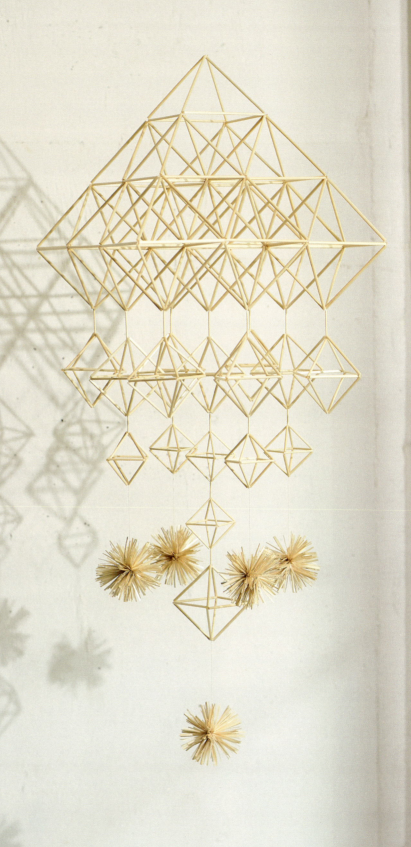

K

ジオメトリックタワー

置き型のコンパクトなヒンメリ。角度によって印象が変わる幾何学的なデザインのインテリアです。

HOW TO MAKE P.80

12

13

14

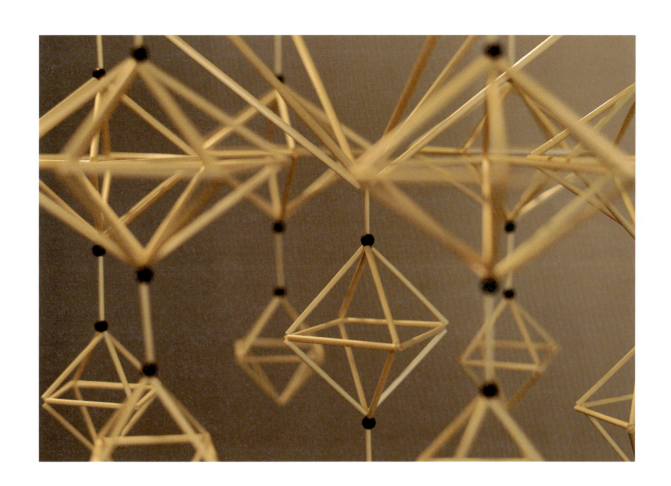

ウッドビーズを使ったアレンジ

メリーゴーランドのようなデザインと黒いウッドビーズが印象的なヒンメリ。シックな大人の部屋のインテリアにぴったり。

HOW TO MAKE P.83

2012年のヒンメリ。帝国ホテルプラザ東京にて。まだ初々しさが感じられる。

経年変化を楽しむ

　麦わらが時間経過とともに色味が変わっていくことをご存じでしょうか。そのことに気づくきっかけとなった作品のことと合わせてお話します。

　2012年、帝国ホテルプラザ東京さんのクリスマス企画で、初めて大きな作品を手がけました。打ち合わせのため訪れた現場は、2階まで吹き抜けのロビー。この空間を飾るヒンメリの制作を依頼されたわけですが、麦わら1本の長さは大きなものでもせいぜい30cmです。どのように構成したらこの広いロビーに存在感を出せるのか……。麦わら以外の素材で巨大なヒンメリをつくることはできるかもしれませんが、やはり麦わらでつくりたい。いろいろ考えて、フィンランドで伝統的につくられている縦に長いモデルを参考にしながら、各パーツを自分好みの形やサイズで配置し、3作品が完成。照明を受け、軽やかで明るい輝きをまとった新しいヒンメリたちがこの年11月にデビューしました。

　その後いろいろな場所で飾られたり、私のアトリエで保管したりしていました。少しずつの変化なので1、2年ではわからなかったのですが、年を追うごとに作品全体が艶のあるアイボリーからアンバーな色味へと変わっていることに気づきました。新しい作品と並べてみるとその差は歴然！　紫外線による色褪せとも違う、麦わら1本1本が色の深みを増し独特の風格を感じさせるものへと変化しているのです。

　時間が作品を育てているのですね。日々の暮らしに彩りを与え

16

◇ M

正八面体をベースにした星型

一見複雑そうな星型。実際は中心のヒンメリに三角形を付けるだけの簡単設計です。

HOW TO MAKE　P.84

17

八面体をベースにした星型

厚みのある星型のヒンメリは、3つの「片方が長い八面体」を円状につないでつくります。

HOW TO MAKE　P.85

18　　　　　　　　　　　　　　　　　　　　　　19

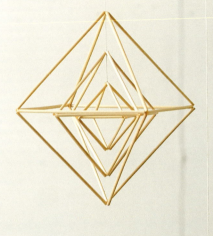
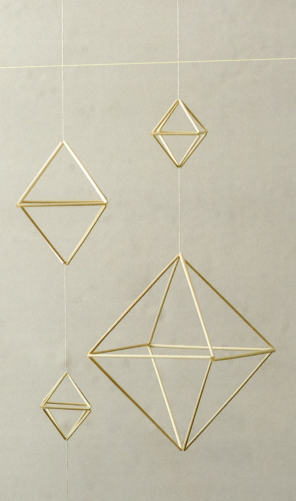

◇ o

八面体のモビールアレンジ

八面体をベースにしたさまざまなパーツをモビール風にアレンジ。ウッドアームが風をつかまえ、ゆっくり回る様子にヒンメリの軽やかさが感じられます。

HOW TO MAKE　P.86

20

21

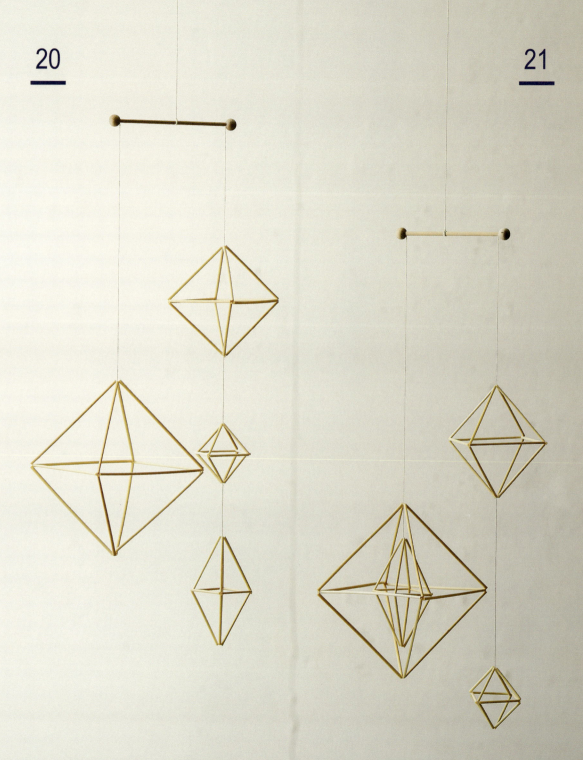

37

フリーコンポジション A

変則的な八角形や正四面体などを組み合わせ、バランスよく配置。形、個数、間隔のアレンジで、いく通りものパターンがつくれます。

HOW TO MAKE　P.88

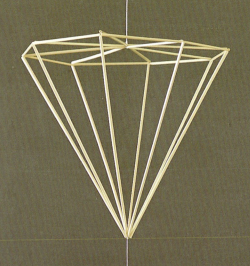
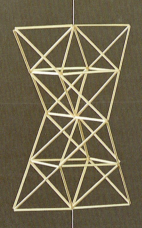

22

フリーコンポジション B

正八面体をベースに交差させるように組み上げたデザイン。それぞれの立体が浮いているように見えるのが特徴です。

HOW TO MAKE P.90

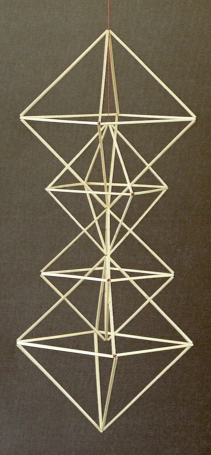

23

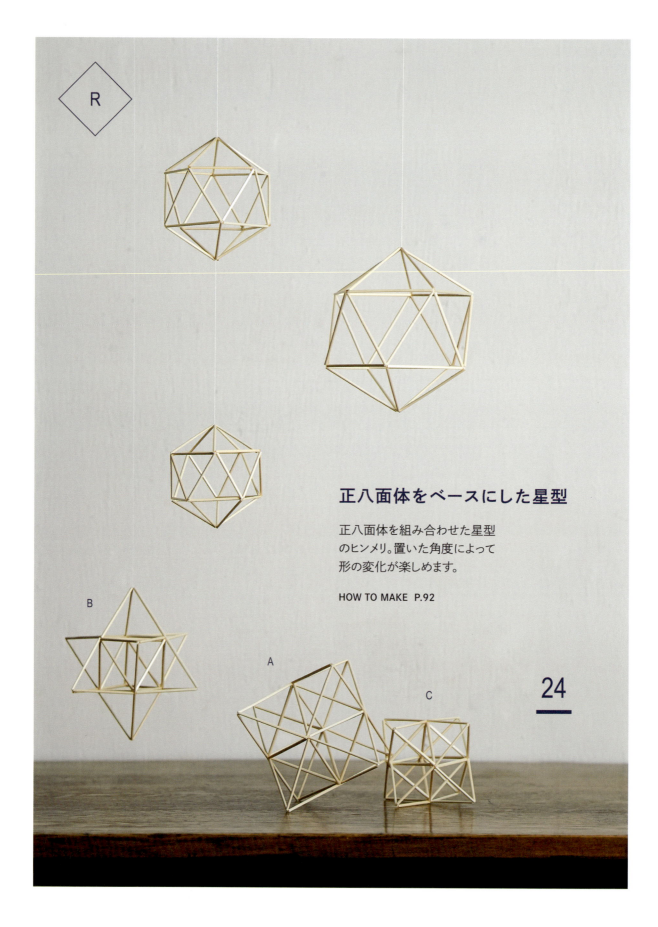

正八面体をベースにした星型

正八面体を組み合わせた星型のヒンメリ。置いた角度によって形の変化が楽しめます。

HOW TO MAKE P.92

24

正二十面体

20個の正三角形をボールのように組み合わせたヒンメリ。つなげても、一個だけでも目を引くデザインです。

HOW TO MAKE P.94

参考写真／2018年サークルヒンメリ

麦わらヒンメリの材料と道具

ヒンメリづくりをはじめる前に
用意しておきたいアイテムを紹介します。

基本の材料・道具

❶糸
左●たこ糸2号
右●手縫い糸(太口20番)
麦わらをつなぐ基本の糸は、丈夫なたこ糸を使用。糸が太すぎると麦わらを通せず、細すぎると糸にかかる重さで麦わらを痛めてしまうため、2号ぐらいの太さがおすすめ。手縫い糸は5cm以下のヒンメリなど繊細な作業のときに使用。

❷竹串
木工用ボンドを麦わらに付けるときや、残った糸の処理、固くしばりすぎた糸をゆるめるなど細かい作業で使用。

❸針(長針)、ビッグアイニードル
麦わらを通す際に使用。ヒンメリ専用の針も販売されていますが、ぬいぐるみ用針など長さがあればどんな針でもOK。ビーズづくりで使用するビッグアイニードルなら、糸通しの手間が省けます。いずれも通す麦わらの長さによって数種類を使い分けると便利。大きな麦わらに通すときなど、針の長さが足りない場合は、逆さに向けてトントンと叩くと針が出てきます。

❹定規
麦わらや糸の長さを測るときに使います。透明で格子状に目盛りが入っているものが作業しやすくておすすめ。

❺木工用ボンド(速乾)
切った麦わらが割れるのを防ぐための補強や、残った糸の処理をする際に使用。速乾性が便利。

❻はさみ(2種類)
糸切り用の手芸ばさみと麦わらを切るときのカットワークばさみの2種類を用意。特に湿った麦わらを正確な位置で切れる刃先の反ったものがおすすめ。

アレンジ用の材料

麦わらに、さまざまなパーツを組み合わせてアレンジを楽しみましょう。パーツのカラーやサイズを変えることで自分だけのオリジナルの作品になります。

❶刺しゅう糸(8番)
パーツの間に麦わらを挟まず糸のみでつなぐ作品や糸が表に見えるヒンメリには、発色が美しい刺しゅう糸(DMCのコットンパールなど)がおすすめ。

❷ウッドアーム／全長13cm
ヒンメリを吊ったときにバランスを取りやすい、左右の留めるパーツが外れるものがおすすめ。

❸針
ヒンメリづくりの針を流用してもOK。長さのある麦わらとアレンジパーツをつなげる場合は長めの針があるとよいでしょう。

❹ウッドビーズ／5mm、6mm、10mm
糸を通す穴の大きさを必ず確認して、麦わらの中に入らないサイズのものを選びましょう。

❺フェルトボール／1cm、2cm
針を通すのでしっかりと繊維の詰まったものを選びましょう。100円ショップなどでも購入できます。

麦わらの準備

ヒンメリづくりに欠かせないものといえば麦わら。自然素材で1本1本に個性がある麦わらは、作業を始める前に準備が必要。美しく仕上げるための一工夫を紹介します。

STEP 1
太さ別に分ける

麦わらを並べて太さ別に分けましょう。大きなヒンメリには太めの麦わら、小さなヒンメリや繊細な印象のヒンメリをつくりたいときは細めの麦わらを選びます。

POINT
太、中、細の3種類に分けて保存しておくと、次に使用するときにも便利。麦の穂は穂先に向かってだんだん細くなるため、裁断した位置で太さが異なる。

STEP 2
水に浸してやわらかくする

使用する麦わらのみ、水またはお湯に浸してやわらかくします。バットなどに麦わらを入れ、たっぷりと水を注ぎ1時間ほど置きます。

POINT
上から湿らせた手ぬぐいや布巾などをかぶせておくと、麦わらが浮いてくるのを防いで効率的に浸水できる。

STEP 3
使用サイズにカット

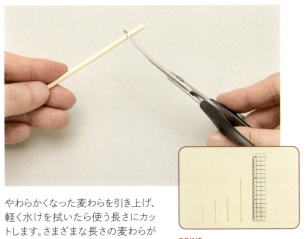

やわらかくなった麦わらを引き上げ、軽く水けを拭いたら使う長さにカットします。さまざまな長さの麦わらが必要な場合は、皿などに入れてサイズごとに分類しておきます。

POINT
1本を定規で計ってカットし、その麦わらをガイドとして必要本数をまとめてカットすると、計る手間が省ける。

STEP 4
麦わらの切り口を補強する

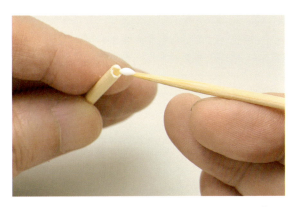

麦わらが乾いたら竹串を使い、切り口に木工用ボンドを薄く付けて補強します。麦わらは切り口から割けることが多いため、このひと手間がヒンメリを長く楽しむポイント。特に太い麦わらに効果的です。

ヒンメリづくりの共通作業

ヒンメリは大小さまざまなパーツの集合体。そこで、ヒンメリの要ともいえるパーツをつくる上で共通する基本作業を紹介します。ヒンメリづくりの手順の中で何度も出てくる大事な作業です。

パーツをつくる

※パーツとは、P.50〜62の基本形、もしくは基本形をアレンジしたものです。

麦わらを針に通す・糸をくぐらせる

ヒンメリづくりの第一歩が、1本の糸に麦わらを通してパーツをつくること。その上でいちばん大事な作業が、ヒンメリの角に糸をくぐらせる（ひっかける）こと。糸を緩ませないことが美しい形に仕上げるコツです。

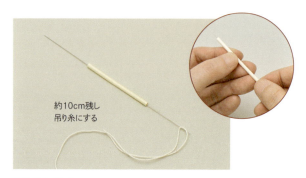

麦わらを通す
針に糸を一本取りで通します。最初に麦わらを針に通す際、吊り糸（上から吊るす）用に糸の端を約10cm残します。麦わらを2本以上通す場合も、1本ずつ針に通しましょう。

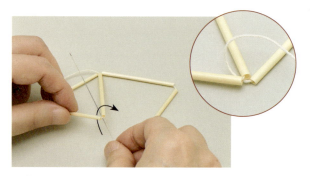

くぐらせる
各パーツの角の糸に針糸をぐるりとひっかけること。作業中に糸がたるまないようにするための作業です。2回くぐらせるのが基本ですが、糸が重なるときなど、1回のみの場合もあります。

固結びをする

パーツ同士をつなげたり、形を固定する際に固結びをし、強度をアップさせます。
最後に糸を切って処理する前は必ず固結びをしましょう。

糸2本で固結び
基本パーツをつくる最初の手順や、別糸と合わせて結ぶ場合、2回結びます。

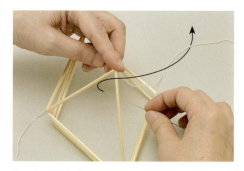

糸1本で固結び
作業途中に糸を固定するため結ぶ場合は、麦わらに通った糸の結びたい箇所に針糸をぐるりと巻き付け輪をつくり、針糸を輪にくぐらせて固結びをします。

パーツをつなぐ

連結する・吊り下げる

すべてのパーツをつくったあと、つなぐ作業をします。本書では上下でつなぐ作業は「連結」、角につける作業は「吊り下げ」と表記を使い分けています。
作業は同じですが、連結してから吊り下げるとバランスよく吊るせます。

連結する　ヒンメリの下側中心にパーツをつなげます。※中心のパーツ(上)は吊り下げた状態です。

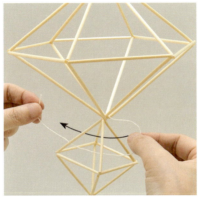
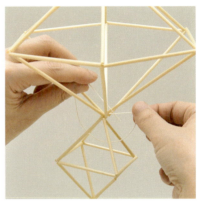

1 中心のパーツ(上)を手でキープしながら、連結するパーツ(下)の糸をかける。

2 糸を引き、中心のパーツに引き寄せてから連結するパーツに糸をくぐらせ、糸を輪にする。

3 糸端を輪にくぐらせて固結びをする。

吊り下げる　ヒンメリのそれぞれの角にパーツをつなげます。

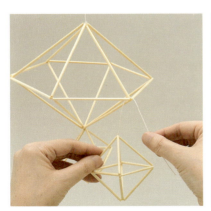

1 中心のパーツに、吊り下げるパーツの糸をかける。

2 吊り下げるパーツに糸をくぐらせ、糸を引いて引き寄せてから固結びをする。

3 複数吊り下げる場合は、対角線上の角から順に吊り下げる。

入れ子にする

パーツの中に小さなパーツを入れるのが「入れ子のヒンメリ」。
伝統的なヒンメリの形で、本書にもさまざまなアレンジで登場します。

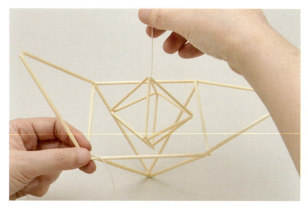

1 中に入れる小さなヒンメリを先につくり、一回り大きいヒンメリを、閉じる前の手順までつくる。

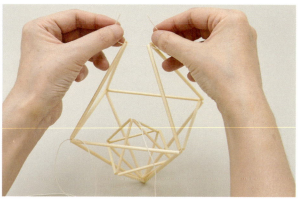

2 大きなヒンメリに小さなヒンメリを入れて閉じる。

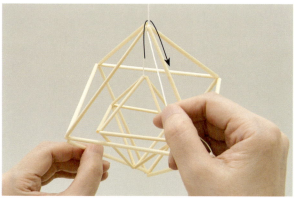

3 作業しやすいよう大きなヒンメリを吊るし、小さなヒンメリの吊り糸を大きなヒンメリの頂点にひっかける。

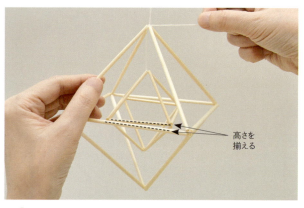

高さを揃える

4 かけた糸を引いて大きなヒンメリと小さなヒンメリの横軸の高さを揃える。

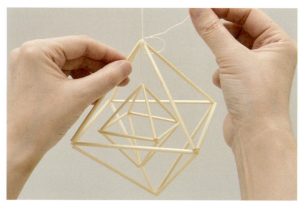

5 小さなヒンメリの糸を大きなヒンメリの頂点に固結びをして固定する。

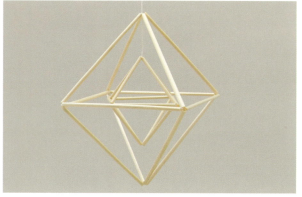

6 同じ作業を繰り返すと幾重にも重なったヒンメリをつくることができる。

糸の処理をする

残った糸は連結したり、吊り糸にする以外は、短くカットして見えないように
麦わらの中に入れて速乾性の木工用ボンドで処理をします。

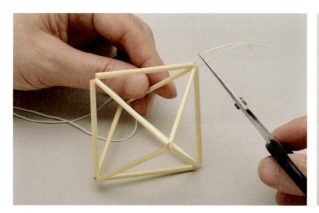

1　固結びした後に残った糸を5〜6mm程度残してカットする。

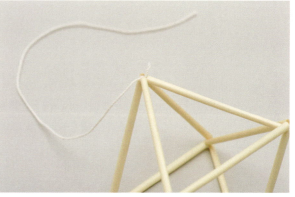

2　このとき、はじめに残しておいた糸をつなげたり、吊り糸にする場合は、カットしないように注意。

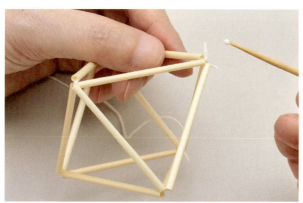

3　竹串を使い、少量の木工用ボンドをカットした糸の切り口につける。

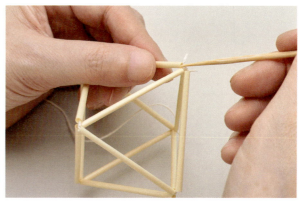

4　糸を麦わらの中へ押し込んで固定する。

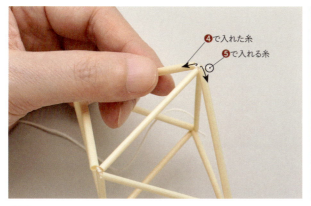

5　処理したい糸が2本ある場合、もう1本は4とは別の麦わらの中に押し込む。

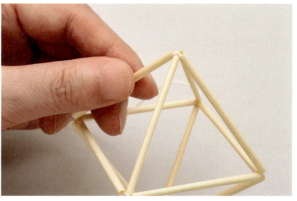

6　切った糸端を別々の麦わらに入れ込むことで、結び目が角にきれいに収まる。

基本パーツのつくり方

ヒンメリはいくつもの小さなパーツの組み合わせでできています。
基本のつくり方・つなぎ方をマスターすれば、あとは応用するだけ。
図のとおりに麦わらを配置し、基本パーツをつくってみましょう。

正八面体 ◇

ヒンメリをつくる上でもっとも簡単な形。同じ長さの麦わらを、一筆書きの要領で1本の糸でつないでいきます。

[つくり方の記号]
- 🔴 糸を固結び
- ⚫ 別糸で固結び
- ⊙ 糸を2回くぐらせる
- ▲ 頂点
- ┄┄▶ 麦わらの中に針を通す

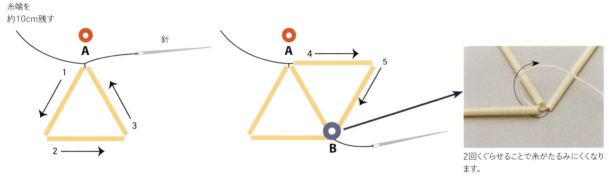

❶ 3本の麦わらに糸を通し、糸端を約10cm残して固結び。

❷ 4、5本目の麦わらに糸を通して三角形をつくり、Bの角に糸を2回くぐらせる。

2回くぐらせることで糸がたるみにくくなります。

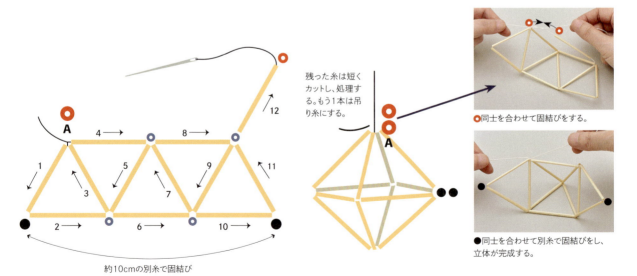

❸ ❷と同じ手順を繰り返し、11本目の麦わらで5個の三角形をつくり、12本目に糸を通す。

❹ 🔴と🔴を合わせ、固結びして糸をカットする。約10cmに切った別糸で⚫と⚫を合わせ固結びし、残った糸はカットして処理をする。

○同士を合わせて固結びをする。

●同士を合わせて別糸で固結びをし、立体が完成する。

上下が長い八面体 ⬧

長さの違う2種類の麦わらを使うことで形が変わります。
つくり方の手順は正八面体とほぼ同じ。

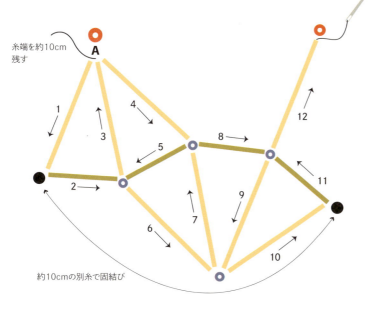
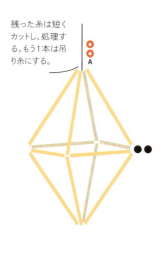

上下どちらかが長い八面体 ⬧⬧

麦わらの1、2本目、10、11本目を長い麦わらにすると
上下のいずれかが長い八面体になります。
つくり方の手順は正八面体と同じ。

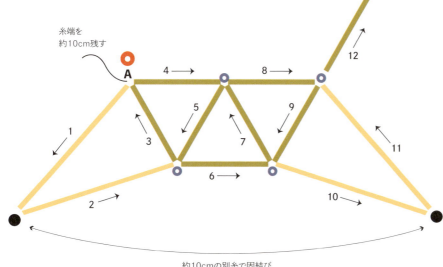
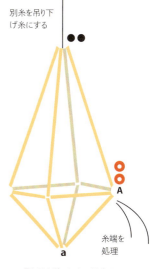

正四面体

正八面体のつくり方を応用し、正三角形をつないで形をつくります。
固結びを細かくすることで強度がアップします。

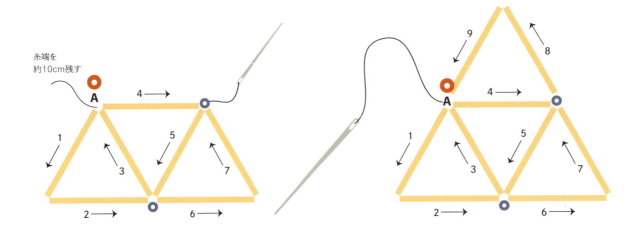

❶ 正八面体と同じ手順で7本の麦わらで3個の三角形をつくる。

❷ 8、9本目の麦わらで上側に三角形をつくる。

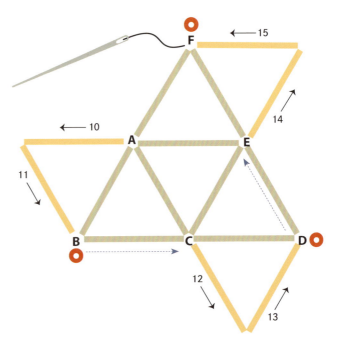

❸ Aから10、11本目の麦わらに糸を通し、三角形をつくって固結びをする。図のようにB→C、D→Eに針を進めながら12、13本目、14、15本目も同様に三角形をつくる。

[つくり方の記号]
- 糸を固結び
- 別糸で固結び
- 糸を2回くぐらせる
- 頂点
- 麦わらの中に針を通す

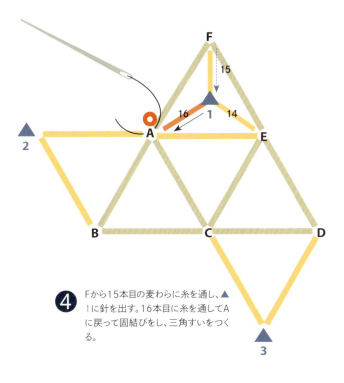

❹ Fから15本目の麦わらに糸を通し、▲1に針を出す。16本目に糸を通してAに戻って固結びをし、三角すいをつくる。

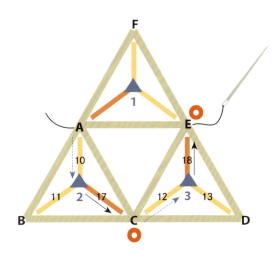

❺ ❹と同様に、Aから▲2へ針を出し、17本目の麦わらで三角すいをつくる。▲3に針を出し、同様に18本目の麦わらで三角すいをつくる。

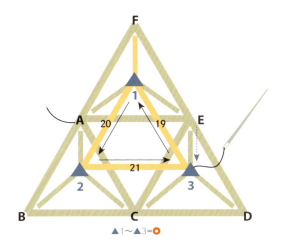

❻ Eから再び▲3へ針を出し、19〜21本目の麦わらを横に渡し、▲1〜▲3で固結びしながら三角形をつくる。

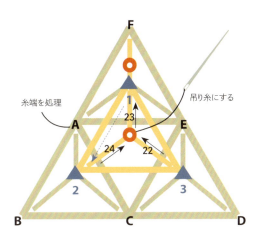

❼ ▲3から22、23本目の麦わらに糸を通し、▲1で固結びをする。▲2へ針を出し、24本目を通して、22と23の頂点で固結びをし、残った糸は処理をする。この糸を吊り糸にする。

53

正二十面体

中央の胴体をつくってから、五角すいを上下につなげるイメージ。
一見難しそうですが、正八面体の応用でつくれます。

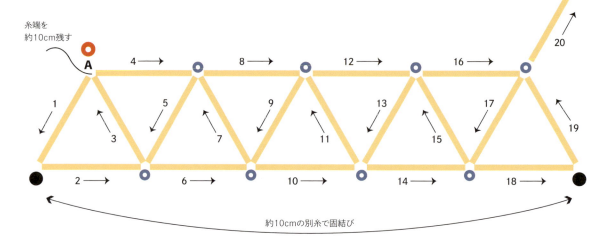

① 正八面体(P.50)と同様に、19本の麦わらを使って9個の三角形をつくり、20本目の麦わらに糸を通す。

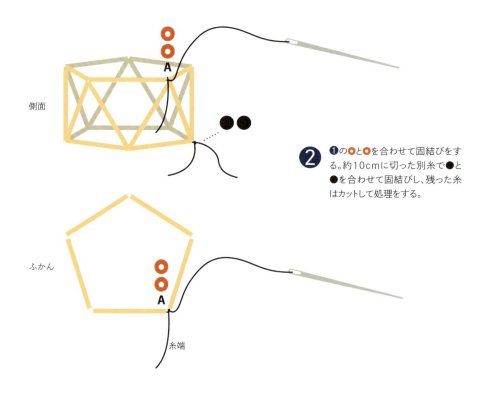

② ❶の🔴と🔴を合わせて固結びをする。約10cmに切った別糸で⚫と⚫を合わせて固結びし、残った糸はカットして処理をする。

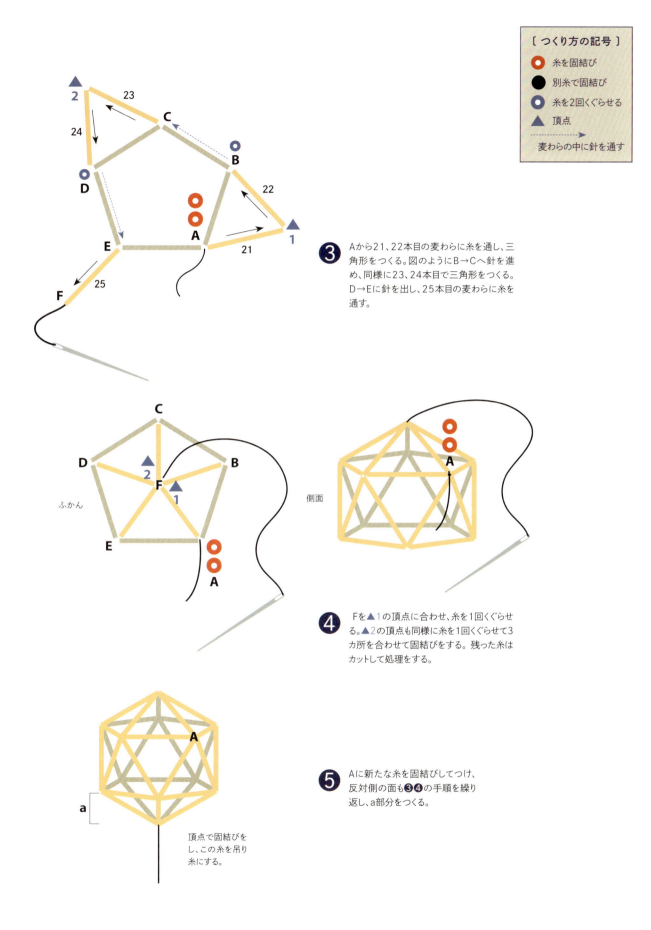

③ Aから21、22本目の麦わらに糸を通し、三角形をつくる。図のようにB→Cへ針を進め、同様に23、24本目で三角形をつくる。D→Eに針を出し、25本目の麦わらに糸を通す。

④ Fを▲1の頂点に合わせ、糸を1回くぐらせる。▲2の頂点も同様に糸を1回くぐらせて3カ所を合わせて固結びをする。残った糸はカットして処理をする。

⑤ Aに新たな糸を固結びしてつけ、反対側の面も❸❹の手順を繰り返し、a部分をつくる。

頂点で固結びをし、この糸を吊り糸にする。

変則の八角形

短い麦わらで八角形の土台をつくってから、長い麦わらで三角形を組み上げます。八角形の中心がずれないようにするのがポイント。

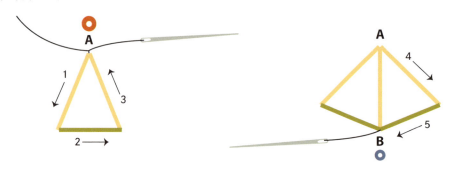

糸端を約10cm残す。八角形の土台を上に吊るすときはこの糸を吊り糸にする。

① 長い→短い→長いの順で麦わら3本に糸を通し、三角形をつくる。

② 長い→短い の順で麦わら4、5本目に糸を通し、Bの角に2回くぐらせて2個目の三角形をつくる。

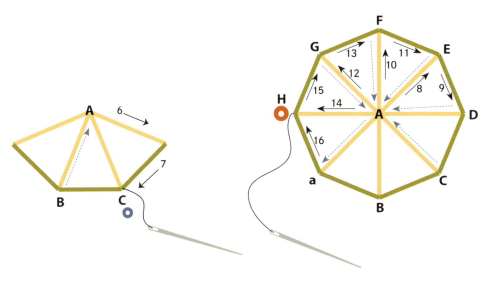

③ BからAに針を出し、②の手順で麦わら6、7本目に糸を通し、3個目の三角形をつくる。

④ ③の手順を繰り返し、8〜16本の麦わらで八角形をつくり、針をつけたままHで固結びをする。

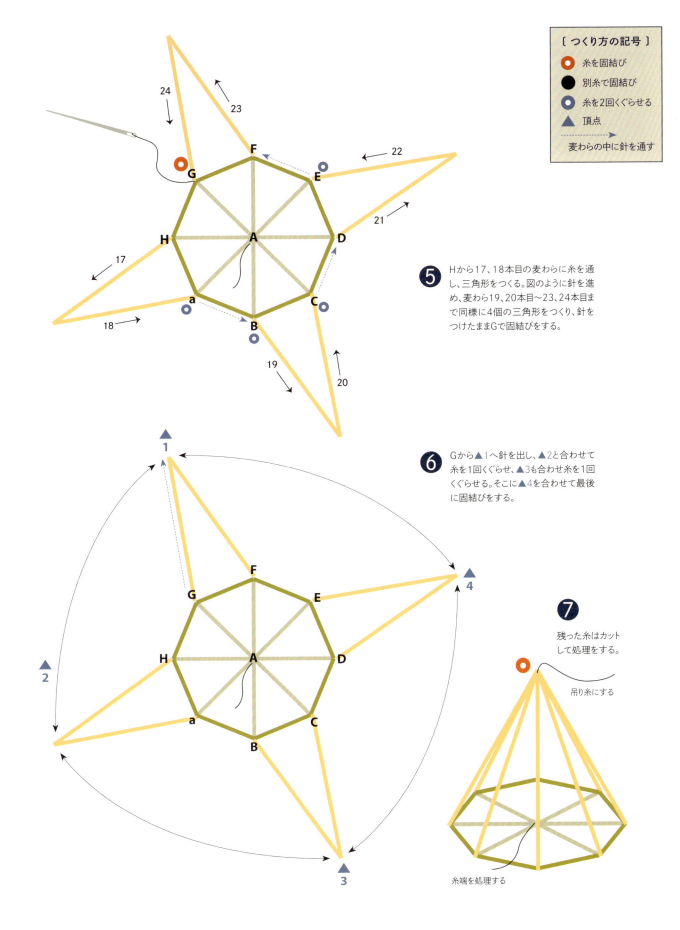

四角すい（2×2）

4個の四角すいからピラミッドのように組み立てます。

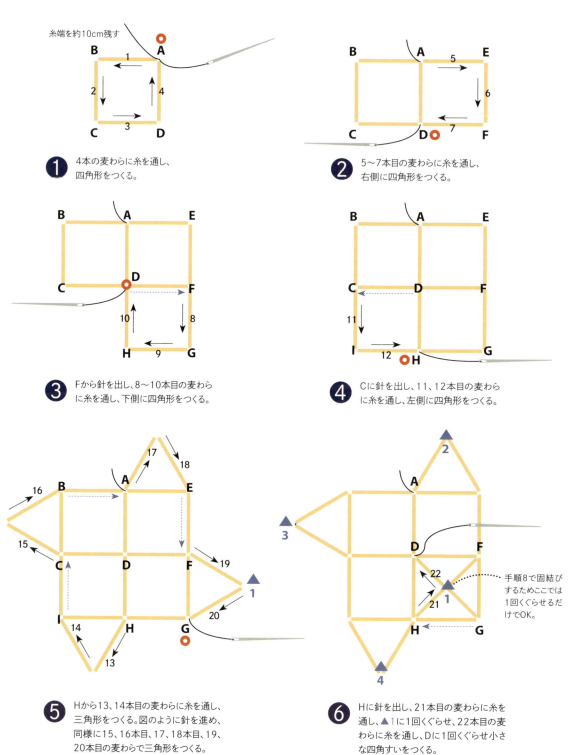

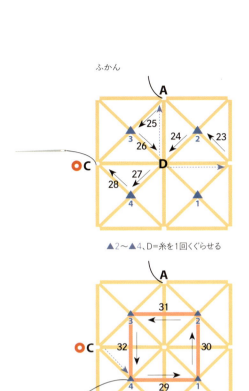

▲2〜▲4、D=糸を1回くぐらせる

▲1〜▲4=◎

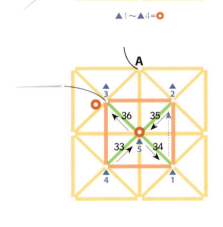

7 ▲2〜▲4にも❻と同様に、全部で4個の四角すいをつくる。これが2×2のベースになる。(麦わら28本)

8 Cから再び▲4に針を出し▲1〜▲4に麦わらを1本ずつ横に渡し、固結びしながら正方形につなぐ。(麦わら32本)

9 ▲4から33、34本目の麦わらに糸を通し、三角形をつくる。図のように針を進め、▲2に針を出す。35本目の麦わらに糸を通し、▲5に固結びして、36本目の麦わらに糸を通し、▲3で固結びをする。(麦わら36本)

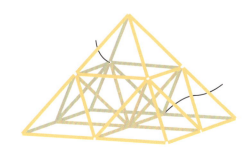

10 それぞれ残った糸はカットし、処理をする。吊るす場合は、別糸をカットし、頂点に結ぶ。

四角すい（3×3）

9個の四角すいから組み立て、3段までつくれます。

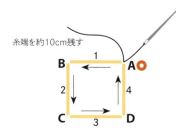

❶ 4本の麦わらに糸を通し、四角形をつくる。

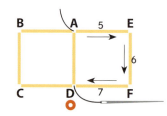

❷ 5〜7本目の麦わらに糸を通し、右側に四角形をつくる。

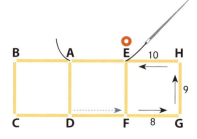

❸ Fから再び針を出し、8〜10本目の麦わらに糸を通し、右側に四角形をつくる。

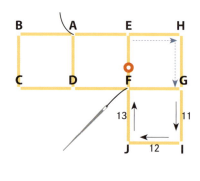

❹ Gから再び針を出し、11〜13本目の麦わらに糸を通し、下側に四角形をつくる。

❺ Jから再び針を出し、14〜20本目の麦わらで3個の四角形をつくる。

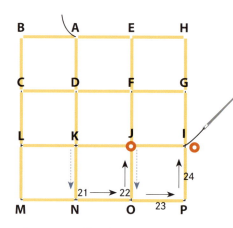

❻ Nから再び針を出し、21〜24本目の麦わらで2個の四角形をつくる。

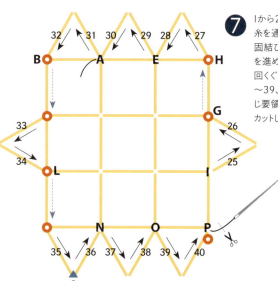

❼ Iから25、26本目の麦わらに糸を通し三角形をつくる。Hで固結びしてから図のように針を進め、E、A、L、N、Oで糸を1回くぐらせながら27、28本目〜39、40本目の麦わらまで同じ要領で三角形をつくり、糸をカットし処理する。

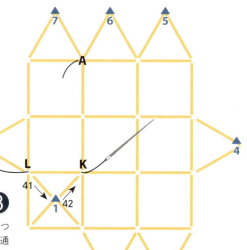

❽ Lに新たな糸を固結びしてつけ、41本目の麦わらに糸を通し、▲1で糸を1回くぐらせる。42本目の麦わらに糸を通し、Kに1回くぐらせ、四角すいをつくる。

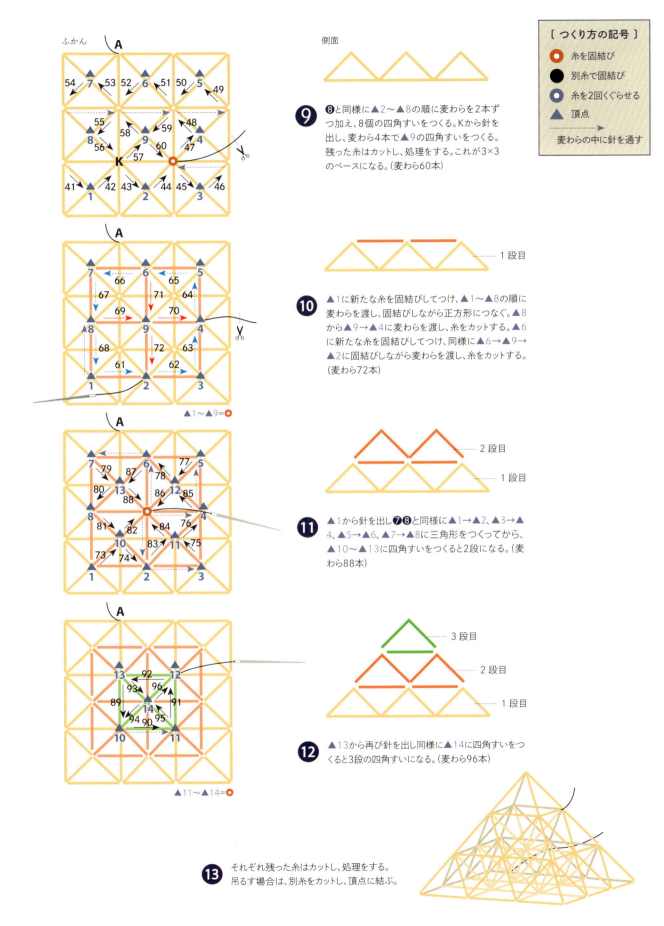

六角形と八角形

鳥かごをつくるイメージで、先に縦軸をつくってから横に麦わらを渡していきます。四角形3個で六角形に、四角形4個で八角形になります。

❶ 4本の麦わらに糸を通し、四角形をつくる。

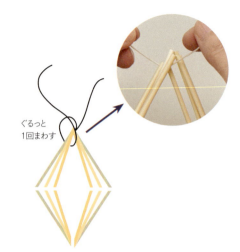

❷ 同じ手順で四角形をつくり、❶と結び目を重ねて固結びをする。この手順で、12本の麦わらで3個の四角形を組み合わせる。重ねた状態をキープするため、結び目に糸をひと回ししてから固結びをする。
※八角形は、4個の四角形を組み合わせる。

❸ 約10cmの別糸で、3個の四角形を組み合わせた下側で束ねて固結びをする。残った糸はカットし、処理をする。

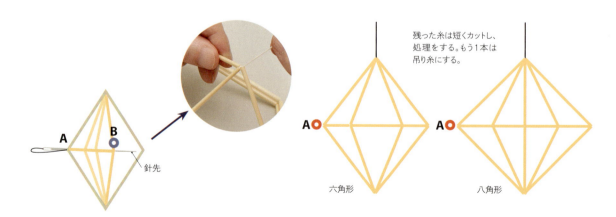

❹ Aに新たな糸を固結びしてつけ、麦わらを1本通してBで2回くぐらせる。

❺ 同様に5回繰り返し、最後の6本目はAで固結び。残った糸はカットして処理をする。
※八角形は同じ手順を7回繰り返し、8本目を固結びする。

A ~ S HOW TO MAKE

ヒンメリのつくり方

P.8〜41の作品のつくり方を紹介します。
下記の見方を参考にヒンメリづくりを楽しみましょう。

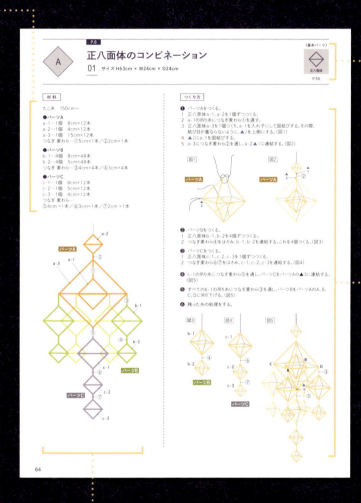

❷ 材料

ヒンメリをつくる際に使用する材料。本数は使用する麦わらの分量、「つなぎ麦わら」は、仕上がりの長さを明記。麦わらはできるだけ正確な長さに切り揃えましょう。

● たこ糸／刺しゅう糸

パーツをつくる際に使用する糸。1本10cmの麦わらでヒンメリ1個をつくるのに、150cm程度の糸が必要。最初から糸を長くすると、糸が絡まり作業がしにくくなるので、途中で糸が途切れたら、新たな糸をつなぎながら進めましょう。

● つなぎ麦わら

パーツとパーツを連結するための短めの麦わらのこと。

● つなぎ糸

パーツとパーツを連結する糸。吊り糸とは違う場所に糸が必要な場合に用意します。ここでは仕上がりの長さを明記しているので、結ぶ作業がしやすいように長めの糸を用意しましょう。

● 吊り糸

ヒンメリをつくるときに最初に10cm残した糸端は、連結や吊り糸として利用します。

● 吊り下げ糸

新たに糸をカットして、吊り下げ用にする糸のこと。
※糸の長さはお好みで。

❶ 基本パーツ

各ヒンメリのベースとなる基本的な形。ここでは詳しいプロセスは省略しているので、記載のページ数（基本パーツのつくり方、P.50〜62）を参考にしましょう。

❹ つくり方

ヒンメリのつくり方。作業工程が多いものは、図と照らし合わせながら作業を進めましょう。

❸ パーツ図／完成図

パーツの種類が多い場合はパーツごとにつくり方を説明しています。この図を見ながらつくり方のテキストを見ると、完成形のイメージがわきやすくなります。

P.8

正八面体のコンビネーション

A 01 サイズ H63cm × W24cm × D24cm

〈基本パーツ〉

正八面体

P.50

材料

たこ糸　150cm〜

● パーツA
a-1…1個　8cm×12本
a-2…1個　4cm×12本
a-3…1個　15cm×12本
つなぎ麦わら…①5cm×1本／②2cm×1本

● パーツB
b-1…4個　8cm×48本
b-2…4個　5cm×48本
つなぎ麦わら…③4cm×4本／④3cm×4本

● パーツC
c-1…1個　8cm×12本
c-2…1個　5cm×12本
c-3…1個　4cm×12本
つなぎ麦わら…
⑤4cm×1本／⑥3cm×1本／⑦2cm×1本

つくり方

❶ パーツAをつくる。
1　正八面体a-1、a-2を1個ずつつくる。
2　a-1の吊り糸につなぎ麦わら①を通す。
3　正八面体a-3を1個つくり、a-1を入れ子にして固結びする。その際、結び目が重ならないように、▲2を上にする。(図1)
4　▲2にa-1を固結びする。
5　a-3につなぎ麦わら②を通し、a-2の▲1に連結する。(図2)

❷ パーツBをつくる。
1　正八面体b-1、b-2を4個ずつつくる。
2　つなぎ麦わら④をはさみ、b-1、b-2を連結する。これを4個つくる。(図3)

❸ パーツCをつくる。
1　正八面体c-1、c-2、c-3を1個ずつつくる。
2　つなぎ麦わら⑥⑦をはさみ、c-1、c-2、c-3を連結する。(図4)

❹ c-1の吊り糸につなぎ麦わら⑤を通し、パーツCをパーツAの▲3に連結する。(図5)

❺ すべてのb-1の吊り糸につなぎ麦わら③を通し、パーツBをパーツAのA、B、C、Dに吊り下げる。(図5)

❻ 残った糸の処理をする。

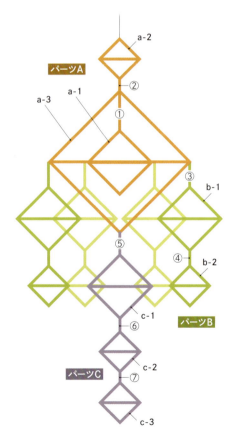

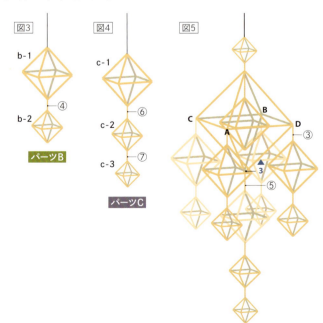

P.10

B 正八面体が入れ子になったコンビネーション
02 サイズ H66cm × W36cm × D36cm

〈基本パーツ〉

正八面体
P.50

上下が長い八面体
P.51

材料

たこ糸　150cm〜

●パーツA
a-1…1個　　5cm×12本
a-2…1個　　10cm×12本
a-3…1個　　15cm×12本
a-4…1個　　20cm×12本
a-5…1個　　25cm×12本
吊り糸…①4cm

●パーツB
b-1…5個　　5cm×60本
b-2…5個　　11cm×60本
つなぎ麦わら…②4.5cm×10本

●パーツC
6cm(上下)…5個　40本
4cm(横)…5個　20本
つなぎ麦わら…③2cm×5本

つくり方

❶ パーツAをつくる。
1　正八面体a-1を1個つくる。
2　正八面体a-2をつくり、a-1を入れ子にして固結びする。
3　▲1を上にして、吊り糸①でa-1を連結し、残った糸の処理をする。
4　同様の手順でa-1〜a-5を順に入れ子にして連結する。(図1)

❷ パーツBをつくる。
1　正八面体b-1を5個つくり、それぞれにつなぎ麦わら②を通す。
2　正八面体b-2をつくり、b-1を入れ子にして固結びする。
3　▲2を上にしてb-1を連結し、残った糸の処理をする。
4　▲2につなぎ麦わら②を通す。これを5個つくる。(図2)

❸ パーツCをつくる。
上下が長い八面体を5個つくり、それぞれにつなぎ麦わら③を通す。(図2)

❹ パーツDをつくる。
パーツBの▲3にパーツCを連結したものを5個つくり、残った糸の処理をする。(図2)

❺ パーツAの▲4にパーツDを連結する。(図3)

❻ パーツAのA、B、C、DにパーツDを順に吊り下げる。(図4)

❼ 残った糸の処理をする。

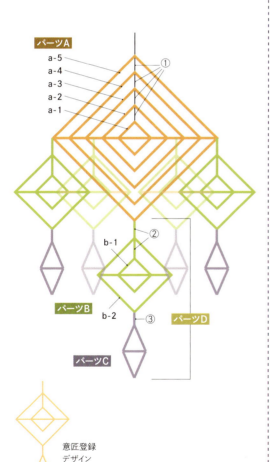

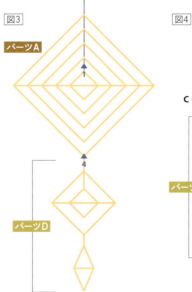

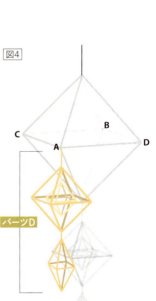

P.12
C 03 正八面体と八面体のコンビネーション
サイズ H38cm × W22cm × D22cm

〈基本パーツ〉

正八面体
P.50

上が長い八面体
P.51

上下が長い八面体
P.51

[材料]

たこ糸 150cm〜

●パーツA
a-1…1個　6cm×8本／4cm×4本
a-2…1個　10cm×12本
つなぎ麦わら…①1.5cm×1本

●パーツB
b-1…1個　5cm×12本
b-2…1個　8cm×4本／4cm×8本
つなぎ麦わら…②2.5cm×1本／③2cm×1本

●パーツC
c-1…4個　4cm×48本
c-2…4個　6cm×48本
吊り糸…④4cm×8本

[つくり方]

❶ パーツAをつくる。
1 上下が長い八面体a-1を1個つくり、つなぎ麦わら①を通しておく。
2 正八面体a-2をつくり、a-1を入れ子にして固結びする。(図1)
3 ▲1を上にして、a-1を連結する。

❷ パーツBをつくる。
1 正八面体b-1を1個つくり、つなぎ麦わら②を通しておく。
2 上が長い八面体b-2を1個つくり、つなぎ麦わら③を通しb-1の▲3に連結する。
3 パーツBをパーツAの▲2に連結し、残った糸の処理をする。(図2)

❸ パーツCをつくる。
正八面体c-1、c-2を各4個ずつつくり、吊り糸④で連結する。

❹ パーツAのA、B、C、DにパーツCを吊り糸④で吊り下げる。(図3)

❺ 残った糸の処理をする。

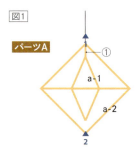
図1

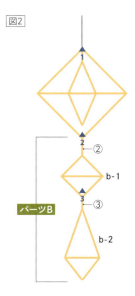
図2

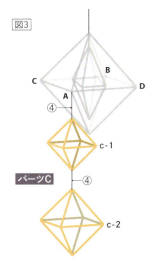
図3

P.14
ディメンシオ
04 サイズ H23cm × W17cm × D17cm

〈基本パーツ〉

四角すい(2×2)
P.58

材料

たこ糸　150cm〜
8cm×60本
アームスタンド

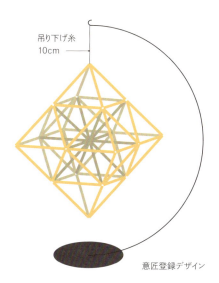

吊り下げ糸
10cm

意匠登録デザイン

つくり方

❶ 上1段目をつくる。
1　四角すい(2×2)をつくる。
　　→ P.58手順①〜⑦参照
2　▲1〜▲4に麦わら4本を横に渡して固結びしながら正方形をつくる。(図1)

❷ ❶を裏返し、同様に下1段目をつくる。(図2)

❸ 上2段目をつくる。
1　▲4から2本の麦わらに糸を通し▲1に固結びをする。(図3)
2　▲2に針を出して固結びをし、麦わら1本に糸を通し▲5に固結びをする。
3　麦わら1本に糸を通し▲3に固結びをし、四角すいをつくる。(図3)

❹ ❸を裏返し、同様に下2段目をつくる。(図4)

❺ ▲5に吊り下げ糸を結び、残った糸の処理をする。スタンドに吊り下げる。

図1　ふかん

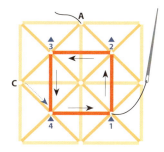

図2

上1段目
下1段目

図3　ふかん

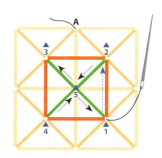

図4

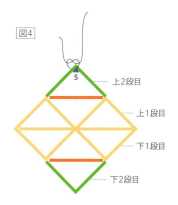

上2段目
上1段目
下1段目
下2段目

P.16

窓のヒンメリ

05　サイズ H22cm × W22cm × D8cm

〈基本パーツ〉

P.60

[材料]

たこ糸　150cm〜
5cm×104本

吊り下げ糸15cm

[つくり方]

❶ 上1段目をつくる。
1　四角すい(3×3)をつくる。→P.60手順①〜⑦
2　Lに新しい糸をつけ、麦わら1本に糸を通し、▲1で1回くぐらせる。
　▲1から1本の麦わらに糸を通し、Kに1回ぐぐらせ四角すいをつくる。(図1)
3　同様に矢印に沿って▲2〜▲8に四角すいをつくる。(図2)
4　▲1に針を出し、▲1〜▲8〜▲1に麦わらを固結びしながら1本ずつ渡し、正方形につなぐ。(図3)

❷ 下1段目をつくる。
　4を裏返し、2〜4の手順を繰り返して8個の四角すいをつくり、正方形につなぐ。(図4)

❸ いずれかの頂点に吊り下げ糸を結び、残った糸の処理をする。(図5)

図1
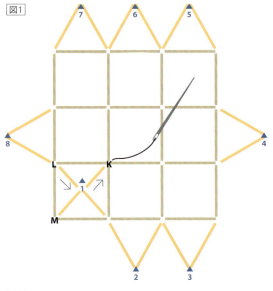

図2
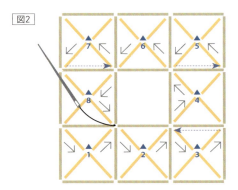

図4　側面

図3
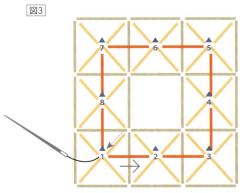

図5

P.17
正八面体の連続
06　サイズ H83cm × W30cm × D6cm

〈基本パーツ〉
正八面体
P.50

[材料]

たこ糸　150cm〜
a…17個　6cm×204本
つなぎ麦わら…①2cm×10本
つなぎ糸…②22cm／③13cm

[つくり方]

❶ 正八面体aを17個つくる。

❷ パーツAをつくる。
1　正八面体3個をつなぎ麦わら①で連結し、残った糸の処理をする。(図1)
2　これを5個つくる。

❸ パーツBをつくる。
1　パーツA2個をつなぎ糸②で連結する。(図2)
2　これを2個つくる。

❹ パーツCをつくる。
a2個とパーツAをつなぎ糸③で連結する。(図3)

❺ 各パーツに吊り下げ糸をつけ、残った糸の処理をする。

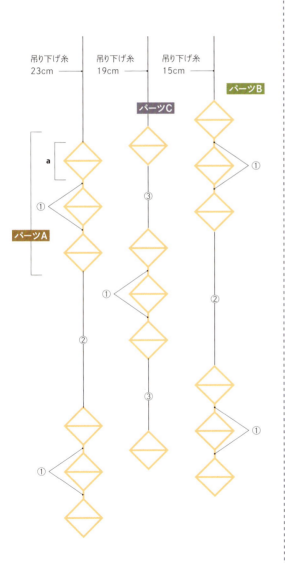

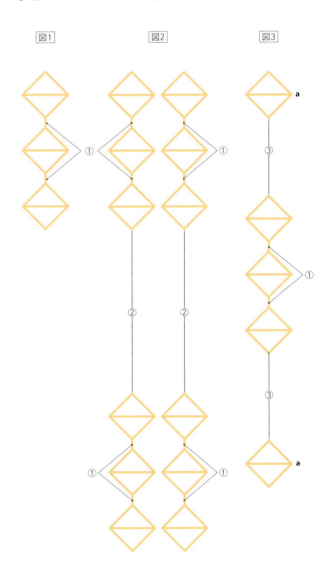

シンメトリア

P.18
07 サイズ H60cm × W60cm × D9cm

〈基本パーツ〉

正八面体
P.50

上下が長い八面体
P.51

四角すい(3×3)
P.60

材料

たこ糸　150cm〜

●パーツA
4個　6cm×416本
つなぎ麦わら…6cm×56本

●パーツB
1個　5cm×12本
吊り糸…①1cm

●パーツC
8個　3cm×64本／2cm×32本
吊り糸…②1.5cm×8本

つくり方

❶ パーツAをつくる。
1　四角すい(3×3) a-1〜a-4をつくる。→P.60手順①〜⑧
2　続けて▲2〜▲8に四角すいをつくり、▲1〜▲8の順に麦わらを固結びしながら1本ずつ渡し、正方形につなぐ。(図1)
3　裏面も2と同様に四角すいをつくり、正方形につなぐ。

❷ パーツAをつなげる。
1　a-1のAに糸をつけ、麦わら1本を通してa-4のBに渡して固結びをする。Cに針を出して固結びをし、麦わら1本を通してDへ渡し、固結びをする。(図1)

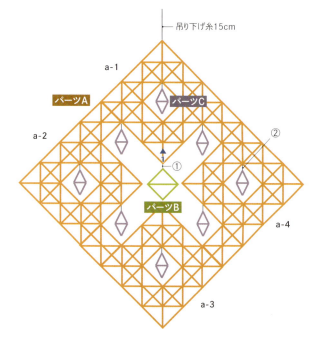

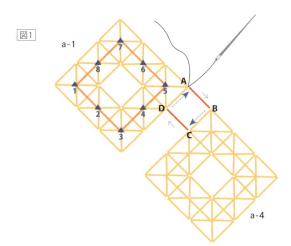

2　Aから麦わら2本に糸を通し、Bで固結びする。Cに針を出し、麦わら1本に糸を通し▲2で糸を1回くぐらせる。さらに麦わら1本に糸を通し、Dで固結びして四角すいをつくる。(図2拡大図)
3　▲1に針を出し、麦わらを1本ずつ固結びしながら▲1→▲2→▲3に渡す。(図2)

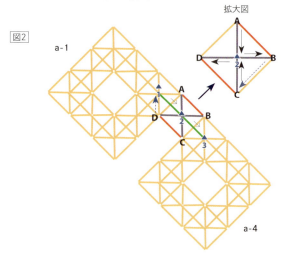

4 同様にa-4〜a-1を正方形につなげる。(図3)
5 パーツAを裏返し、裏面にも❺〜❼の手順を繰り返し、残った糸の処理をする。

❸ パーツAに吊り下げ糸を結ぶ。(図4)

❹ パーツBをつくる。
正八面体を1個つくる。

❺ パーツCをつくる。
上下が長い八面体を8個つくる。

❻ パーツBを吊り糸①で▲1に吊り下げる。(図5)
パーツCを吊り糸②で▲2〜▲9に吊り下げ、残った糸の処理をする。(図5)

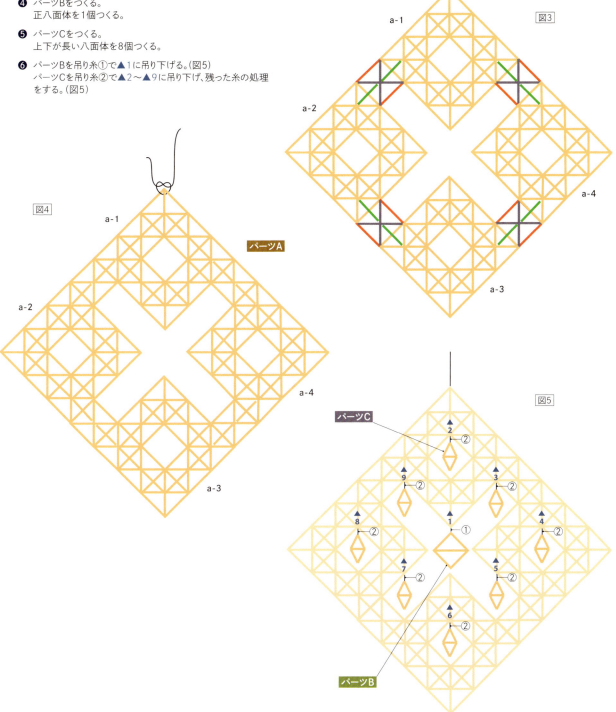

P.22

フェルトボールを使ったアレンジ A

09　サイズ H34cm × W13cm × D13cm

〈基本パーツ〉

四角すい(2×2)

P.58

材 料

刺しゅう糸（赤）　150cm〜

● パーツA
6cm×36本

● パーツB
12cm×4本

● パーツC
● パーツD
● パーツE

フェルトボールを下げるつなぎ麦わら…3cm×16本
フェルトボール…2cm×16個（赤）

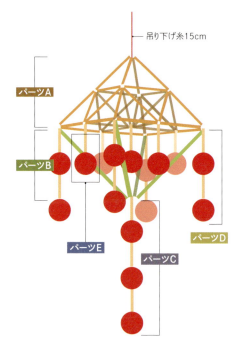

つくり方

❶ パーツAをつくる。
　四角すい(2×2)をつくる。(図1)

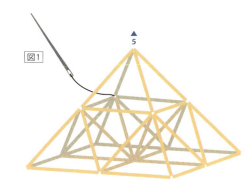

❷ パーツBをつくる。
1　パーツAを裏返してAから針を出し、固結びをする。(図2)
2　麦わら2本に糸を通し、Dで固結びする。(図2)
3　Bに新たな糸を結び、麦わら2本を糸に通し、Cで固結びする。(図3)
4　2つの三角形の頂点を糸で結び、四角すいをつくる。(図3)
5　残った糸の処理をする。
6　5を裏返しパーツAの▲5を上にして吊り下げ糸を結ぶ。(図4)

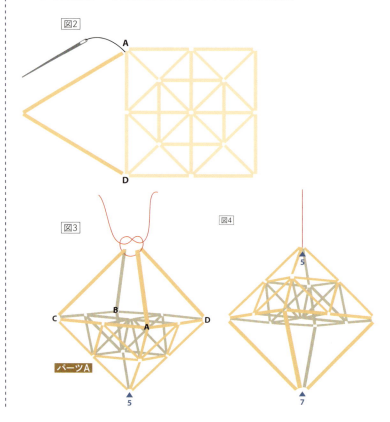

❸ パーツC、D、Eをつくる。
1 フェルトボール3個とつなぎ麦わらをつなぐ。これを1個つくる。(パーツC)
2 フェルトボール2個とつなぎ麦わらをつなぐ。これを4個つくる。(パーツD)
3 フェルトボール1個とつなぎ麦わらをつなぐ。これを5個つくる。(パーツE) (図5)

図5

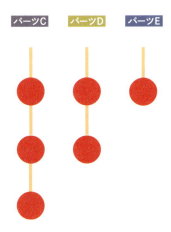

次のページに続きます ▶

フェルトボールと糸のつけ方
※フェルトボールに針で糸をつけ、その糸に麦わらを通します。

❶針に糸を通し、片方の糸端を玉結びする。

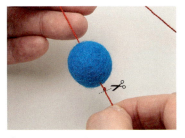

❷フェルトボールの中心に針を貫通させ、玉結びの残り糸はギリギリの箇所でカットする。

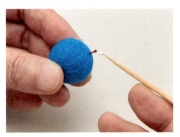

❸玉結びに木工用ボンドを少量つけ、ほどけないように止める。

フェルトボールを使ったアレンジ A 続き

❹ パーツC、D、Eを連結、吊り下げる。
1　パーツE1個をパーツAの▲6に吊り下げる。(図6)
2　残りのパーツE4個をE~Hにそれぞれ吊り下げる。(図7)
3　パーツCをパーツAの▲7に連結する。(図8)
4　パーツDをパーツAのA~Dに吊り下げる。(図9)

❺ 残った糸の処理をする。

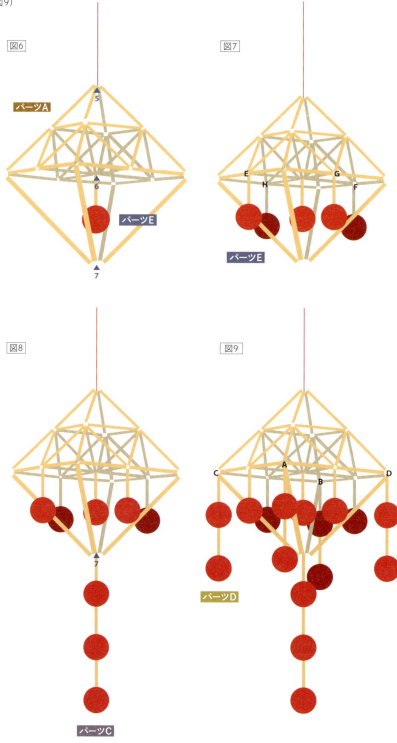

P.24

フェルトボールを使ったアレンジ B

10　サイズ H36cm × W13cm × D13cm

〈基本パーツ〉

四角すい(2×2)

P.58

材料

刺しゅう糸（青）150cm～

● パーツA
6cm×36本／12cm×4本
フェルトボール…1cm×4個（レッド、オレンジ、イエロー、パープル）

● パーツB
つなぎ麦わら…3cm×1本
フェルトボール…2cm×1個（アクア1個）

● パーツC
つなぎ麦わら…3cm×1本
フェルトボール…2cm×2個（オフホワイト1個、ピンク1個）

● パーツD
つなぎ麦わら…3cm×2本
フェルトボール…2cm×1個（オフホワイト）／1cm×2個（アクア1個、オレンジ1個）

● パーツE
つなぎ麦わら…3cm×12本
フェルトボール…2cm×4個（ピンク2個、オフホワイト2個）／1cm×8個（アクア2個、オフホワイト1個、ダークグリーン1個、イエロー1個、オレンジ3個）

つくり方

❶ パーツAをつくる。
→P.72手順①②参照

❷ パーツAの▲7を上にして吊り下げ糸を結ぶ。(図1)

❸ パーツB、D、Eをつくる。
パーツB、パーツDを1個ずつつくる。パーツEを4個つくる。

❹ パーツCをつくる。
❷で結んだ吊り下げ糸の1本に針を通し（P.73参照）、下からフェルトボール→つなぎ麦わら→フェルトボールの順に連結する。残ったもう1本の吊り下げ糸を処理する。

❺ パーツAにパーツB、D、Eを連結、吊り下げる。
1　パーツBを▲7に連結する。(図2)
2　パーツDを▲5に連結する。(図3)
3　1cmのフェルトボールを各色1個ずつ糸に通し、I〜Lにそれぞれ結び付ける。(図4)
4　パーツEをA〜Dに吊り下げ、残った糸の処理をする。(図5)

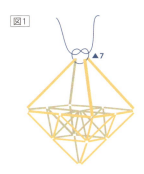

図1

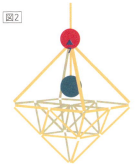

図2

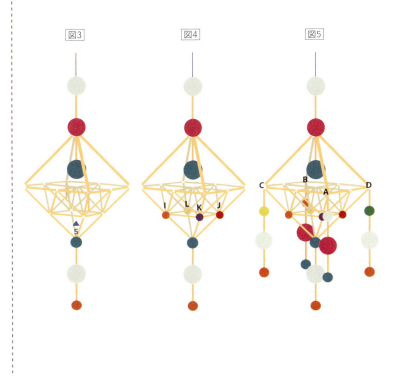

P.26

麦わらのポンポンを使ったアレンジ

11　サイズ H82cm × W31cm × D31cm

〈基本パーツ〉

正八面体　P.50

四角すい(3×3)　P.60

材料

たこ糸　150cm〜

●パーツA
10cm×132本

●パーツB
b-1…2個　6cm×24本
b-2…2個　4cm×24本
つなぎ麦わら…①3cm×1本／②2cm×3本
麦わらのポンポン×1個
つなぎ糸…③11cm

●パーツC
c-1…4個　6cm×48本
c-2…4個　4cm×48本
つなぎ麦わら…④3cm×4本／⑤2cm×4本
麦わらのポンポン×4個
つなぎ糸…⑥10cm

●パーツD
d-1…4個　6cm×48本
つなぎ麦わら…⑦3cm×4本

つくり方

❶ パーツAをつくる。
[1段目]
1　四角すい(3×3)のベースをつくる。→P.60①〜⑨参照
2　1を裏返し、下側にも同様に四角すいをつくる。(図1)
3　▲1に糸をつけ▲1〜▲8〜▲1の順に麦わら8本を横に渡し、固結びしながら正方形につなぐ。(図2)
4　▲8から⑨〜▲4に固結びしながら麦わらを渡す。(図2)
5　▲6に糸を結び、⑥〜▲2に固結びしながら麦わらを渡す。(図2)

図1
ふかん

図2　P.61手順⑩参照

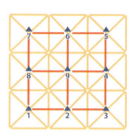

側面

1段目
下側

[2段目]
図2の4つのマスそれぞれに四角すいをつくり(図3)、▲10〜13の順に麦わら4本を横に渡し、固結びしながら正方形につなぐ。(図4)

[3段目]
1　四角すいをつくる。
2　▲14に吊り下げ糸を結び、残った糸の処理をする。(図5)

図3　P.61手順⑪参照
ふかん

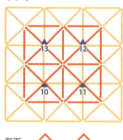

側面

図4　P.61手順⑫参照

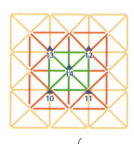

図5

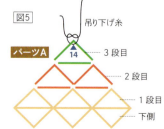
吊り下げ糸
パーツA　3段目
2段目
1段目
下側

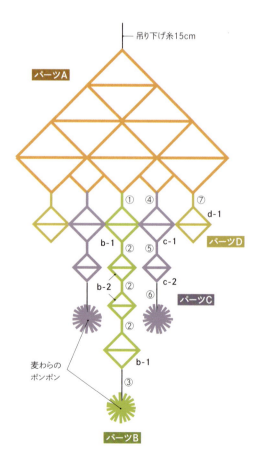

吊り下げ糸15cm
パーツA
b-1
b-2
c-1
c-2
d-1
パーツD
パーツC
麦わらのポンポン
パーツB

76

❷ パーツBをつくる。
1 正八面体b-1、b-2を2個ずつつくる。
2 下からb-1→b-2→b-2→b-1の順に、つなぎ麦わら②をはさんで連結する。(図6)
3 つなぎ麦わら①を通し、パーツAの▲15に連結する。(図7)

❸ パーツCをつくる。
1 正八面体c-1、c-2を4個ずつつくる。
2 下からc-2→つなぎ麦わら⑤→c-1→つなぎ麦わら④の順に連結する。
3 これを4個つくり、パーツAの▲16～▲19に連結する。(図8)

❹ パーツDをつくる。
1 正八面体d-1を4個つくり、つなぎ麦わら⑦を通す。
2 これを4個つくり、パーツAの▲20～▲23に連結する。(図8)

❺ 麦わらのポンポンをつくる。
1 P.78のつくり方を参照し、5個つくる。
2 パーツBの下につなぎ糸③でポンポン1個を連結する。(図9)
3 パーツCの下につなぎ糸⑥でポンポン4個を連結する。(図9)

❻ 残った糸の処理をする。

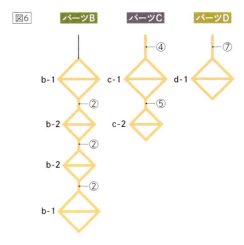

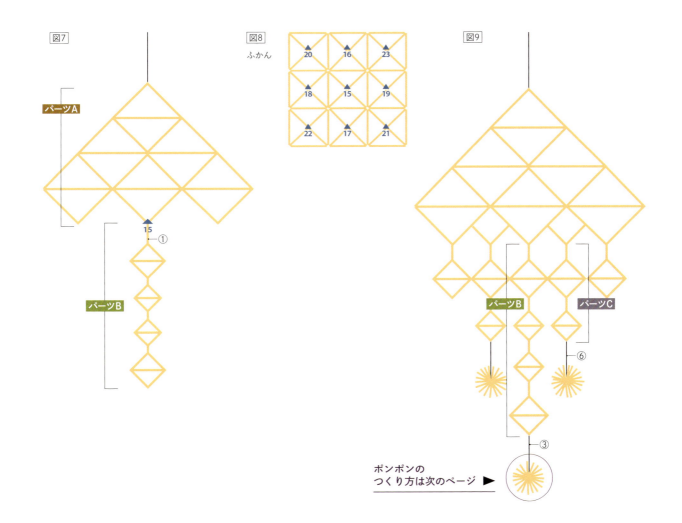

ポンポンの
つくり方は次のページ ▶

麦わらのポンポンのつくり方

【J】の作品に出てくる麦わらのポンポンのつくり方です。材料の麦わらは作品づくりで余ったものを使用してもOK。天日に干してよく乾燥させておくと、麦わらが割きやすくなります。

材料（ポンポン1個分）

❶ 6分割のストロー割り器
❷ 輪ゴム
❸ ステンレス製ワイヤー#31　約100cm
❹ 30cmの乾燥した麦わら8本分
❺ ラジオペンチ
❻ ニッパー
その他　糸、針、3.5cm幅の紙5枚（手順4、6で使用）

つくり方

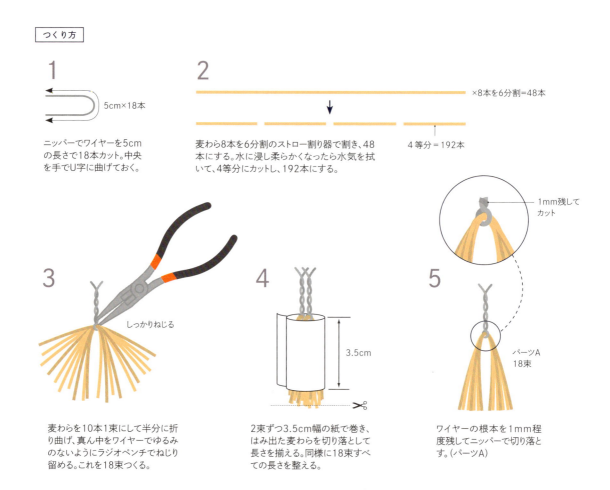

1　ニッパーでワイヤーを5cmの長さで18本カット。中央を手でU字に曲げておく。

2　麦わら8本を6分割のストロー割り器で割き、48本にする。水に浸し柔らかくなったら水気を拭いて、4等分にカットし、192本にする。

3　麦わらを10本1束にして半分に折り曲げ、真ん中をワイヤーでゆるみのないようにラジオペンチでねじり留める。これを18束つくる。

4　2束ずつ3.5cm幅の紙で巻き、はみ出た麦わらを切り落として長さを揃える。同様に18束すべての長さを整える。

5　ワイヤーの根本を1mm程度残してニッパーで切り落とす。（パーツA）

P.28

ジオメトリックタワー
12　13　14　サイズは下記材料欄参照

〈基本パーツ〉
四角すい(2×2)
P.58

材料　たこ糸　150cm〜／連結用糸は手縫い糸(太口20番)を使用

●12
H37.5cm×W13cm×D13cm
10cm(上下)×64本／6cm(横)×44本

●13
H34cm×W13cm×D13cm
17cm(上下)×32本／6cm(横)×28本

●14
H54.5cm× W13cm×D13cm
14cm(上下)×64本／6cm(横)×44本

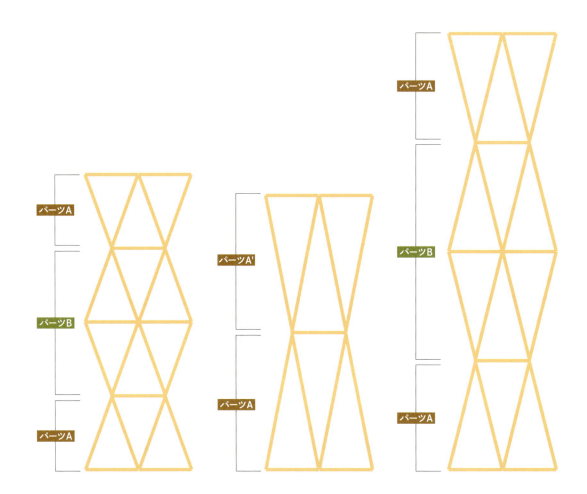

パーツの組み立て方

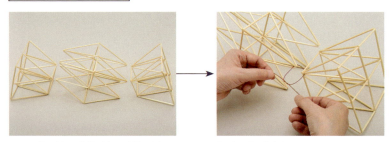

パーツを横に倒した状態で結ぶと連結しやすい。

隅と隅を糸で結束する。

12、14共通のつくり方

❶ パーツAをつくる。
四角すい（2×2）を2個つくる。
→ P.58手順①〜⑧参照（図1）
土台をしっかりと安定させるため、このヒンメリでは正方形に渡した麦わらすべてを固結びで固定する。

❷ パーツBをつくる。
1 四角すい（2×2）を1個つくる。
→ P.58手順①〜⑦参照
2 下側にも同様に4つの四角すいをつくる。（図2）

❸ パーツAとパーツBを連結する。
1 パーツAの1個をP.80の写真のように置き、手縫い糸で●1〜●4、▲1〜▲4を合わせてパーツBと連結する。（図3）
2 その上にもう1個のパーツAを置き、同様にパーツBと連結する。（図4）

❹ 残った糸を処理する。

図1

ふかん

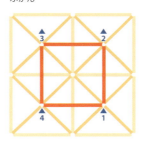
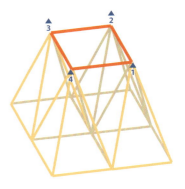

パーツA

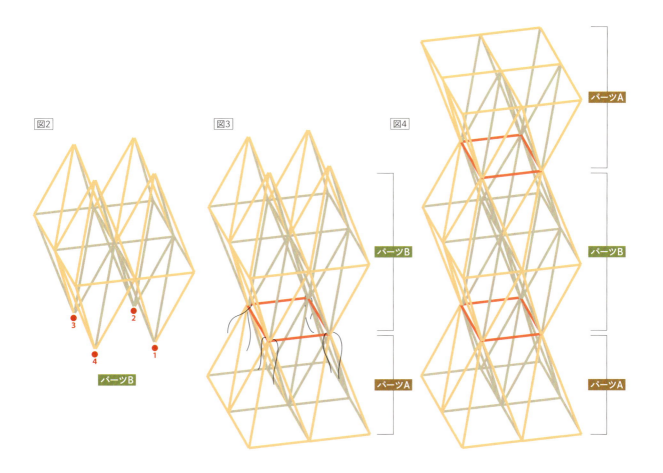

次のページに続きます ▶

ジオメトリックタワー続き

13のつくり方

❶ パーツAをつくる。
　四角すい(2×2)を1個つくる。(図1)
　→ P.58手順①〜⑧参照

❷ パーツA'をつくる。
　四角すい(2×2)を1個つくる。
　→ P.58手順①〜⑦参照(図2)

❸ パーツAとパーツA'を▲1〜▲4、
　●1〜●4を合わせて手縫い糸で
　連結する。(図3)

❹ 残った糸を処理する。

図1
ふかん

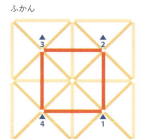

図2
ふかん

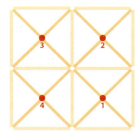
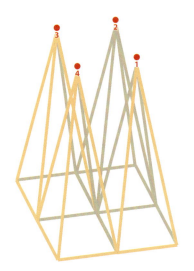

図3

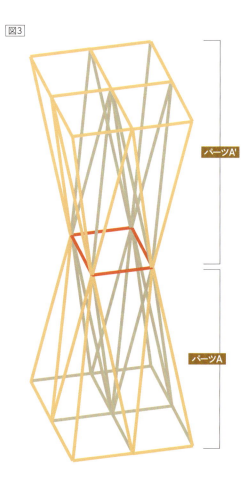

P.30
L
15　ウッドビーズを使ったアレンジ
サイズ H45cm × W34cm × D34cm

〈基本パーツ〉

正八面体　六角形
P.50　　P.62

材料

たこ糸　150cm～

●パーツA
1個　15cm（上下）×12本／12cm（横）×6本
ウッドビーズ…黒　8mm×1個

●パーツB
b-1…6個　6cm（上下）×72本／5cm（横）×36本
b-2…6個　4cm×72本
つなぎ麦わら…①3cm×6本／②4cm×6本
ウッドビーズ…黒　6mm×18個

●パーツC
c-1…1個　8cm（上下）×12本／6.5cm（横）×6本
c-2…1個　5cm×12本
つなぎ麦わら…③4cm×1本／④2cm×1本
ウッドビーズ…黒　6mm×3個

つくり方

❶　パーツAをつくる。
　　六角形を1個つくる。

❷　パーツBをつくる。
1　六角形b-1、正八面体b-2を6個ずつつくる。
2　b-2とb-1を1個ずつ、ウッドビーズ3個とつなぎ麦わら①②を1本ずつはさんで連結する。（図1）
3　これを6個つくる。

❸　パーツCをつくる。
1　六角形c-1、正八面体c-2を1個ずつつくる。
2　c-1とc-2をウッドビーズ3個とつなぎ麦わら③④を1本ずつはさんで連結する。（図2）

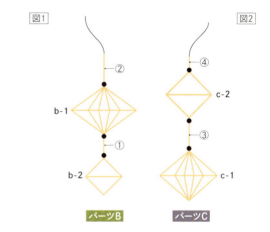

❹　パーツAに連結、吊り下げる。
1　パーツAの▲1を上にして吊り下げ糸をつけ、ウッドビーズ1個を通して吊り下げる。
2　▲2にパーツCを連結する。
3　A～FにパーツBをそれぞれ吊り下げる。（図3）

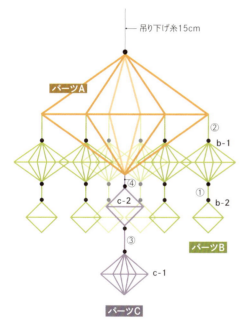

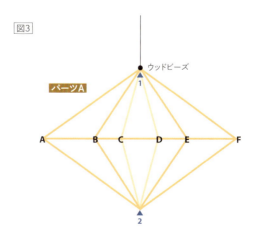

P.34

正八面体をベースにした星型

16　サイズ H37cm × W30cm × D30cm

〈基本パーツ〉

正八面体

P.50

材 料

たこ糸　150cm〜
16cm×24本
6cm×12本

つくり方

❶　6cmの麦わらでベースの正八面体を1個つくる。

❷　❶のAに糸をつけ、16cmの麦わら2本を糸に通し、Bで1回くぐらせ二等辺三角形をつくる。（図1）

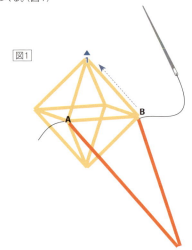

❸　▲1に針を出し、麦わら1本を通し、AとBの頂点で固結びをする。この手順を繰り返し、上下8つの面に三角すいをつくる。（図2）

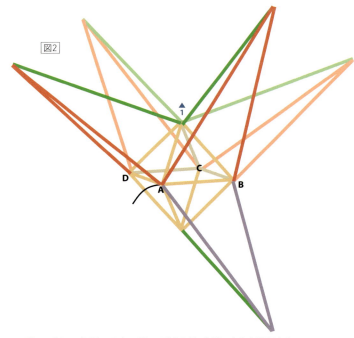

❹　二等辺三角形の頂点に吊り下げ糸を結び、残った糸を処理する。

P.35
N
17 八面体をベースにした星型
サイズ H43cm × W36cm × D7cm

〈基本パーツ〉

上下どちらかが長い八面体

P.51

[材料]

たこ糸 150cm〜

● パーツA…3個
16cm×12本
7cm×12本
6.5cm×12本

● パーツB…3個
16cm×12本
6cm×6本

[つくり方]

❶ パーツAをつくる。
片方が長い八面体を3個つくる（図1）

❷ パーツAの▲1、▲2、▲3をまとめて糸で固結びし、残った糸の処理をする。（図2）

吊り下げ糸15cm

パーツA
パーツB

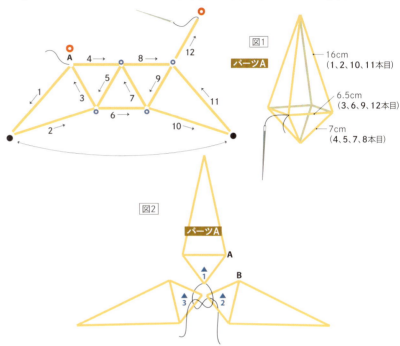

図1 パーツA
16cm（1、2、10、11本目）
6.5cm（3、6、9、12本目）
7cm（4、5、7、8本目）

図2 パーツA

❸ パーツBをつくる。
1 パーツAの角に糸をつけ、6cmの麦わら1本に糸を通し、Bの角で1回くぐらせる。（図3）
2 Bから裏面B'に針を出し、6cmの麦わら1本に糸を通して裏面A'で固結びをする。（図3）
3 裏面A'から16cmの麦わら2本に糸を通し、裏面角B'で固結びし、Bに針を出し固結びをする。（図3）
4 Bから16cmの麦わら1本に糸を通し▲4で固結びし、16cmの麦わら1本に糸を通しAで固結びし、Cに針を出す。（図3）
5 同様にC-D、E-F間にもそれぞれパーツBをつくる。（図4）

❹ パーツAの頂点に吊り下げ糸を結び、残った糸の処理をする。

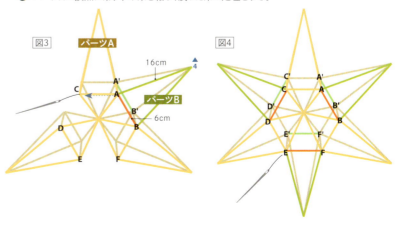

図3 パーツA / パーツB / 16cm / 6cm

図4

P.36 O 八面体のモビールアレンジ

18 サイズ H46cm × W23cm × D23cm　**19** サイズ H58cm × W23cm × D23cm

〈基本パーツ〉

正八面体
P.50

上下が長い八面体
P.51

上下どちらかが長い八面体
P.51

18の材料

たこ糸　150cm〜

● パーツA
a-1…1個　4cm×12本
a-2…1個　7.5cm×12本
a-3…1個　12cm×12本
吊り糸…①2.5cm／②3.5cm
吊り下げ糸…③15cm

● パーツB
6cm×8本／4cm×4本
吊り下げ糸…④36cm

ウッドアーム

18のつくり方

❶ パーツAをつくる。
1　正八面体a-1をつくる。a-2をつくり、a-1を入れ子にして固結びをする。
2　▲1を上にして、a-1を吊り糸①で連結する。
3　a-3をつくり、a-2を入れ子にして固結びをする。その際、入れ子の横軸の高さを揃える。
4　▲2を上にして、a-2をつなぎ糸②でa-3と連結する。残った糸の処理をする。

❷ パーツBをつくる。
上下が長い八面体を1個つくる。(パーツB)

❸ 吊り下げ糸③④でパーツA、Bをそれぞれウッドアームに吊り下げる。

19の材料

たこ糸　150cm〜

● パーツC
c-1…1個　7.5cm×12本
c-2…1個　4cm×12本
c-3…1個　6cm×4本／4cm×8本
吊り下げ糸…⑤13cm
吊り糸…⑥9.5cm×2本

● パーツD
d-1…1個　4cm×12本
d-2…1個　12cm×12本
吊り下げ糸…⑦10cm
吊り糸…⑧8cm

ウッドアーム

19のつくり方

❶ 正八面体c-1、c-2、d-1、d-2を各1個、上が長い八面体c-3を1個つくる。

❷ パーツC、Dをつくる。
1　下からc-3、c-2、c-1の順に吊り糸⑥で連結する。(パーツC)
2　d-1とd-2を吊り糸⑧で連結する。(パーツD)

❸ 残った糸を処理し、吊り下げ糸⑤⑦でパーツC、Dをそれぞれウッドアームに吊り下げる。

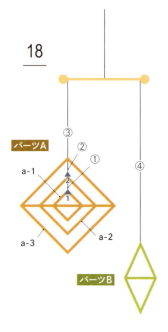

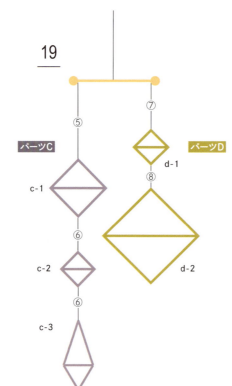

ウッドアームへの吊り下げ方

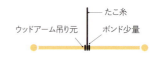

たこ糸を結び、真ん中を吊り元にする。アームに糸を3回ほど回して固結びをする。緩まないよう糸端と結び目にボンドを少量つけ固定する。

ウッドアームは、アーム両サイドの木の玉が取り外しできるものを選ぶとバランスが取りやすい。糸端を木の玉の中に入れて処理する。

P.37
八面体のモビールアレンジ

20 サイズ H51cm×W23cm×D23cm　　**21** サイズ H48cm×W23cm×D23cm

〈基本パーツ〉

 正八面体 P.50　 上下が長い八面体 P.51

20の材料

たこ糸　150cm～

●パーツE
1個　12cm×12本
吊り下げ糸…①25cm

●パーツF
f-1…1個　7.5cm×12本
f-2…1個　4cm×12本
f-3…1個　6cm×8本／4cm×4本=4本
吊り下げ糸…②12cm
吊り糸…③7cm／④5.5cm

ウッドアーム

20のつくり方

❶ パーツEをつくる。
　正八面体を1個つくる。

❷ パーツFをつくる。
1 正八面体f-1、f-2、上下が長い八面体f-3を1個ずつつくる。
2 f-1、f-2、f-3を吊り糸③④で連結し、残った糸を処理する。

❸ 吊り下げ糸①②でパーツE、Fをそれぞれウッドアームに吊り下げる。

21の材料

たこ糸　150cm～

●パーツG
g-1…1個　6cm×8本／4cm×4本
g-2…1個　12cm×12本
吊り下げ糸…⑤27cm
吊り糸…⑥3cm

●パーツH
h-1…1個　7.5cm×12本
h-2…1個　4cm×12本
吊り下げ糸…⑦15cm
つなぎ糸…⑧17cm

ウッドアーム

21のつくり方

❶ 上下が長い八面体g-1、正八面体g-2を1個ずつつくり、g-2の隙間からg-1を入れておく。
　h-1、h-2も1個ずつつくる。

❷ パーツGをつくる。
1 g-2にg-1を入れ子にして固結びをする。
2 ▲1を上にして、g-1を吊り糸⑥で連結する。

❸ パーツHをつくる。
　h-1、h-2をつなぎ糸⑧で連結する。

❹ 残った糸を処理し、吊り下げ糸⑤⑦でパーツG、Hをそれぞれウッドアームに吊り下げる。

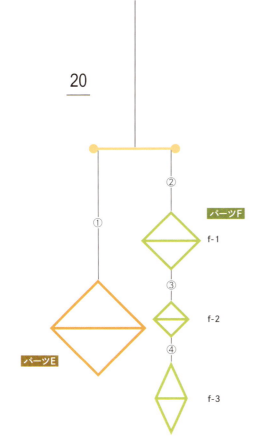

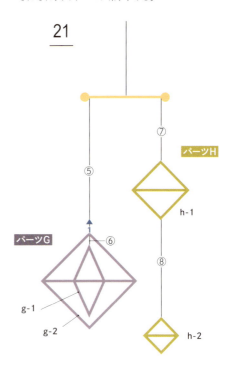

87

P.38

フリーコンポジション A

22 サイズ H87cm × W27cm × D27cm

〈基本パーツ〉

正八面体	上下が長い八面体	正四面体	変則の八角形
P.50	P.51	P.52	P.56

材料

たこ糸　150cm〜

●パーツA
1個　27cm×8本／13cm×8本／10cm×8本

●パーツB
1個　8cm×46本

●パーツC
c-1…1個　4cm×8本／3cm×4本
c-2…1個　7cm×12本

つなぎ糸…①15cm／②13cm
吊り糸…③2cm

つくり方

❶ パーツAをつくる。
1　変則の八角形を1個つくる。
2　▲1に吊り下げ糸をつけておく。(図1)

❷ パーツBをつくる。
1　正四面体b-1を1個つくる。(図2)
2　変形四面体b-2をつくる。→P.109変形四面体のつくり方参照(図3)

❸ b-1のA'、B'、C'とb-2の▲4、▲5、▲6を約10cmの糸でそれぞれ固結びし、連結して残った糸を処理する。(図4)

❹ パーツCをつくる。
1　上下が長い八面体c-1を1個つくる。
2　正八面体c-2を1個つくり、c-1を入れ子にする。
3　吊り糸③でc-2にc-1を連結する。(図5)

❺ パーツCの▲7を上にしてつなぎ糸②でパーツBの▲2と連結する。
　　パーツBの▲とパーツAをつなぎ糸①で連結し、残った糸を処理する。(図6)

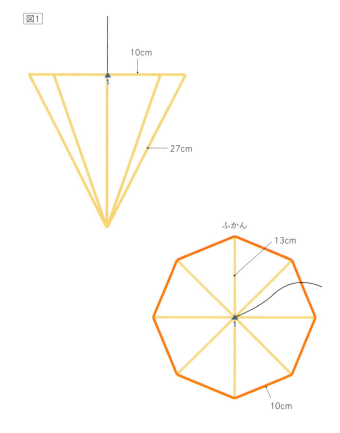

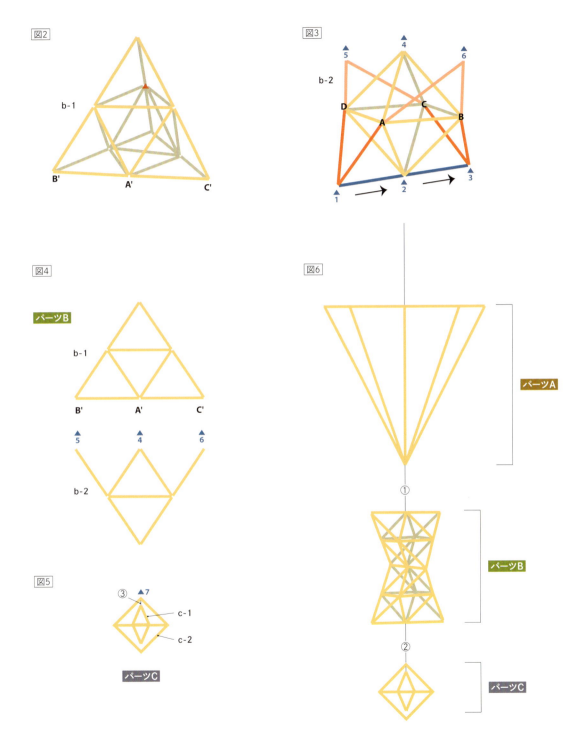

P.39

フリーコンポジション B

23 サイズ H53cm × W16cm × D16cm

〈基本パーツ〉

正八面体

P.50

材料

刺しゅう糸（赤） 150cm～

- ●パーツA・D
  2個 16cm×24本
- ●パーツB・C
  2個 12cm×24本

❸で使用する糸…40cm×2本
つなぎ糸…①12cm
仮のつなぎ糸…20cm

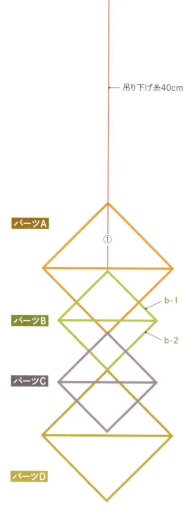

つくり方

❶ パーツAをつくる。
正八面体を1個つくる。（図1）

❷ パーツb-2をつくる。
1 麦わら4本で四角形をつくり、固結びをする。
2 1のA～Dに麦わら4本を足し、四角すいをつくる。（図2）→ P.58⑤⑥参照

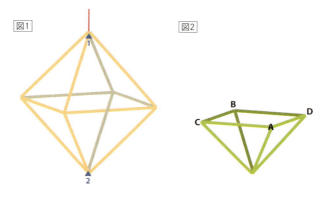

❸ パーツb-1をつくる。
1 パーツAに40cmの糸2本を十字に重ね、中央で固結びをする。
2 十字にした糸の結び目をパーツAの▲2にのせる。（図3）
3 十字の糸それぞれにb-1の麦わら4本を通す。（図3）

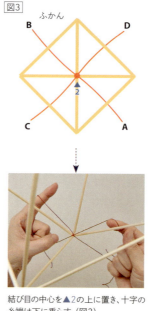

結び目の中心を▲2の上に置き、十字の糸端は下に垂らす。（図3）

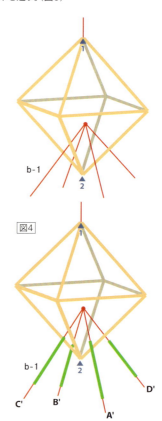

❹ b-1とb-2をつなげる。
1 b-1のA'とb-2のAを固結びする。同様にB→C→Dの順に固結びして連結し、残った糸の処理をする。(図5)
2 パーツBの▲3に仮のつなぎ糸を通し、パーツAの▲1に下げる。(図6)

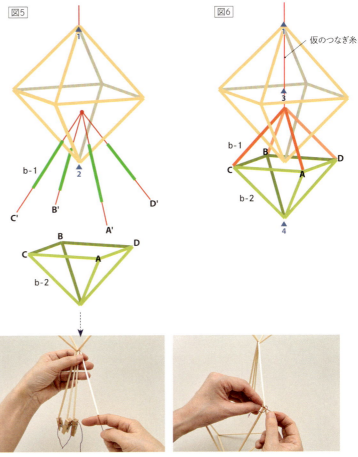

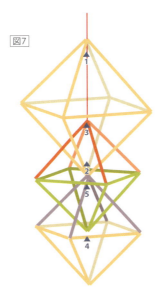

下に垂らした十字の糸端に同じ重さのクリップなどを付けておくと作業しやすい。

A-B、C-Dと、対角線上になる麦わらから連結していく。

❺ パーツCをつくる。
1 ❷〜❹の手順でパーツBに交差するパーツCをつくる。
2 パーツCの▲5とパーツAの▲2を、パーツCの吊り糸で固結びし、連結する。(図7)

❻ パーツDをつくる
❷〜❹の手順でパーツCに交差するパーツDをつくり、パーツBの▲4に連結する。

❼ パーツBの仮のつなぎ糸を、つなぎ糸①で結び直す。このとき、パーツAの横軸とパーツBの▲3の高さを揃えるようにして固結びをする。(図8)

❽ 残った糸の処理をし、パーツAの▲1に吊り下げ糸をつける。

91

P.40

正八面体をベースに応用した星型

24 サイズは下記材料欄参照

〈基本パーツ〉
正八面体
P.50

材料 たこ糸 150cm～

●A
H17.5cm×W15cm×D15cm
7cm×36本

●B
H15cm×W12.5cm×D12.5cm
6cm×36本

●C
H13cm×W10.5cm×D10.5cm
5cm×36本

吊り下げ糸50cm

> つくり方

❶ ベースの正八面体を1個つくる。

❷ 正八面体に三角形をつくる。
1 Aに糸をつけ、麦わら2本に糸を通してBに2回くぐらせ三角形をつくる。（図1）
2 同様にB-C、C-D、D-Aにも三角形をつくり、Aで固結びし、▲1に針を出し、固結びをする。（図2）

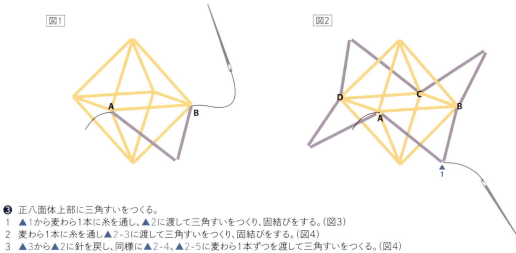

❸ 正八面体上部に三角すいをつくる。
1 ▲1から麦わら1本に糸を通し、▲2に渡して三角すいをつくり、固結びをする。（図3）
2 麦わら1本に糸を通し▲2-3に渡して三角すいをつくり、固結びをする。（図4）
3 ▲3から▲2に針を戻し、同様に▲2-4、▲2-5に麦わら1本ずつを渡して三角すいをつくる。（図4）
4 ▲2に針を出し、固結びをする。（図4）

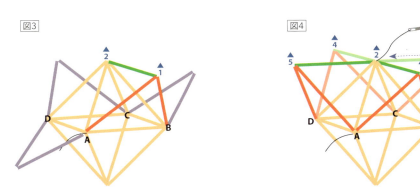

❹ Aに糸を結び、❷❸の手順で正八面体の下側にも三角すいをつくる。（図5）

❺ ▲1に吊り下げ糸を結び、残った糸を処理する。

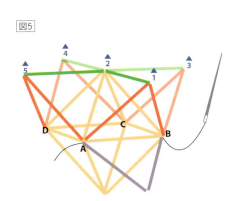
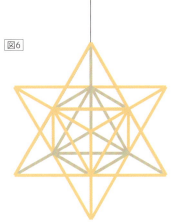

※A〜Cはすべて同じつくり方です。P.40の写真では、AとCに吊り下げ糸はついていませんが、吊るしたい場合は、お好みの長さに糸をカットして、頂点に結んでください。

93

P.41
正二十面体
25　サイズは下記材料欄参照

〈基本パーツ〉

正二十面体
P.54

材料　たこ糸　150cm〜

●A
H16cm×W14cm×D14cm
8cm×30本

●B
H12cm×W10cm×D10cm
6cm×30本

吊り下げ糸20cm

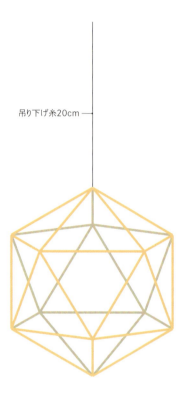

吊り下げ糸15cm

吊り下げ糸20cm

つくり方

❶ 正二十面体を1個ずつつくる。
❷ 吊り下げ糸を結び、残った糸を処理する。

※A〜Cはすべて同じつくり方です。

●C
H10cm×W8cm×D8cm
5cm×30本

ペーパーストローで
つくるヒンメリ

ペーパーストローでつくるカジュアルなヒンメリ。
マスキングテープやペーパー、ポンポンなどを
使って工作感覚で楽しめます。

ペーパーストローヒンメリへの想い

　「子供と一緒にヒンメリをつくりたい！」というリクエストが、ペーパーストローでヒンメリをつくろうと思ったきっかけでした。
　ペーパーストローは、麦わらのような繊細な作業がない分、扱いやすいということもありますが、ヒンメリに使われている材料の麦わら同様、「いつか土に還るもの」という点も重要でした。自然に寄り添うもの、健やかさがベースにあるものを素材として選ぶということを、私はヒンメリをつくり始めた頃からずっと大切にしています。
　ペーパーストローヒンメリは、マスキングテープを自由に貼ってストローをつくり、オリジナルのヒンメリに仕上げられるのが魅力のひとつです。2015年から始めたペーパーストローヒンメリですが、今ではマスキングテープの種類も増え、よりバリエーションの幅が広がりました。
　お子さんと一緒にお話しをしながらお気に入りの模様を選び、世界にたった1つ、自分だけのヒンメリをつくる楽しさを味わってください。

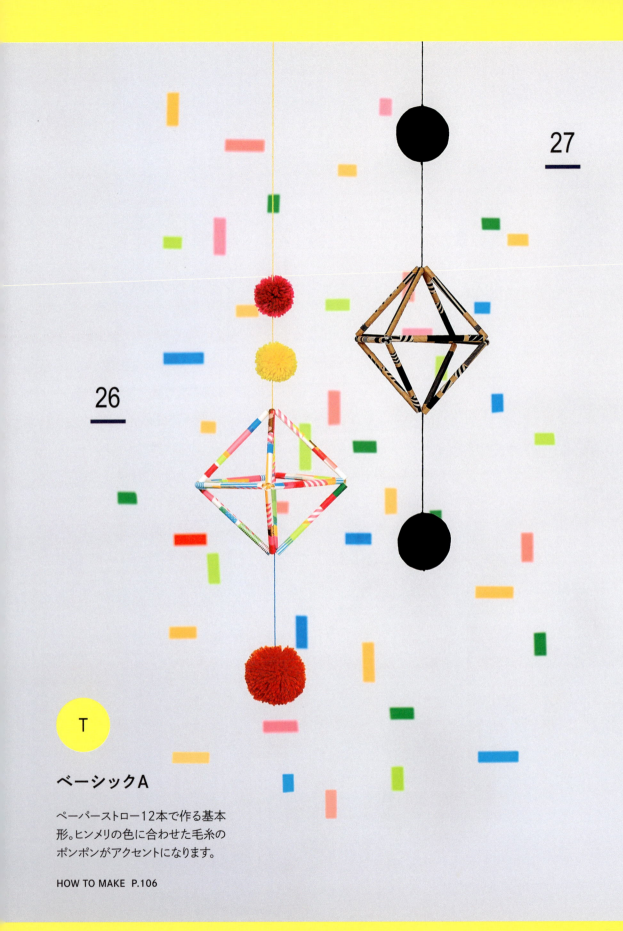

26 27

ベーシックA

ペーパーストロー12本で作る基本形。ヒンメリの色に合わせた毛糸のポンポンがアクセントになります。

HOW TO MAKE P.106

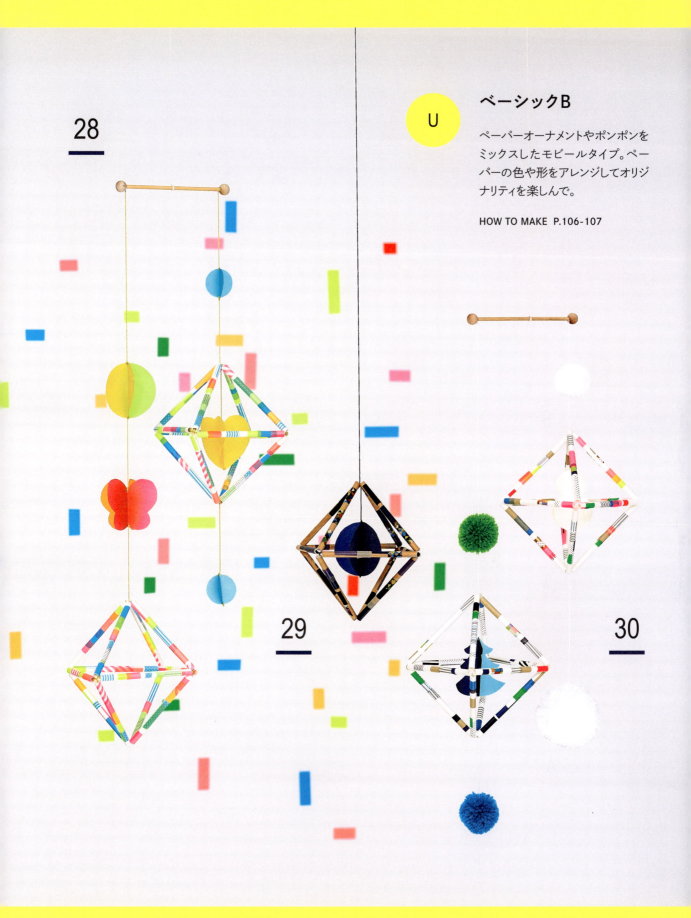

28

29

30

U

ベーシックB

ペーパーオーナメントやポンポンをミックスしたモビールタイプ。ペーパーの色や形をアレンジしてオリジナリティを楽しんで。

HOW TO MAKE　P.106-107

31

V

デコA

ペーパーストロー60本を使用。マスキングテープで自分好みにデコレーションするおもしろさを満喫できます。

HOW TO MAKE P.108

デコB

〈デコA〉同様、直径40cmのモノトーンタイプ。抜群の存在感とシックなインテリアに溶け込む大人っぽい雰囲気が魅力。

HOW TO MAKE P.108

32

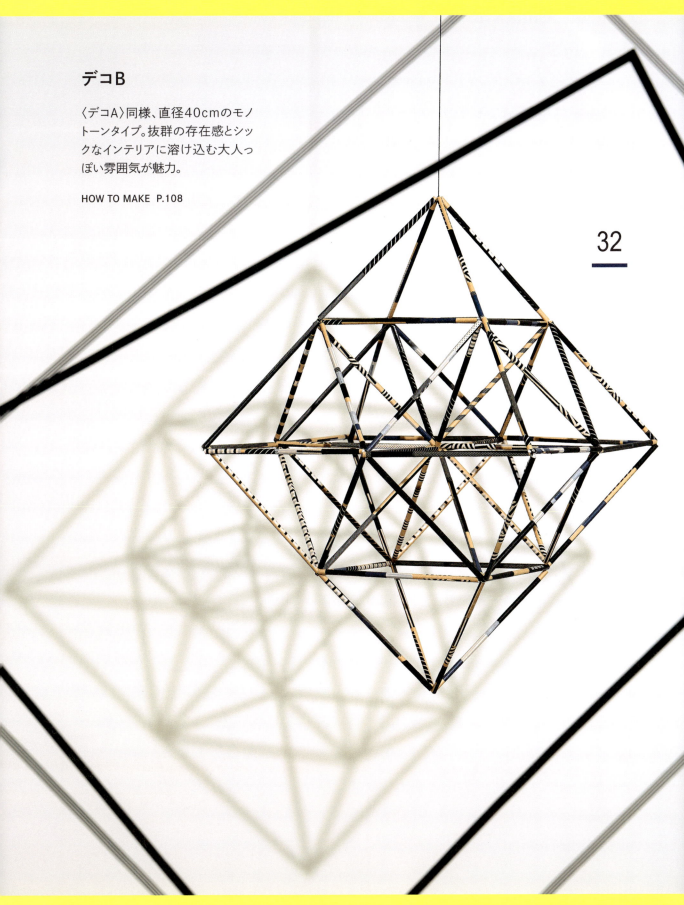

33

34

W キネティック

長さ1mを超える超ビッグサイズ！圧倒的な存在感に加え、見る角度によってデザインが変わる様は、まるで動く彫刻。

HOW TO MAKE　P.109

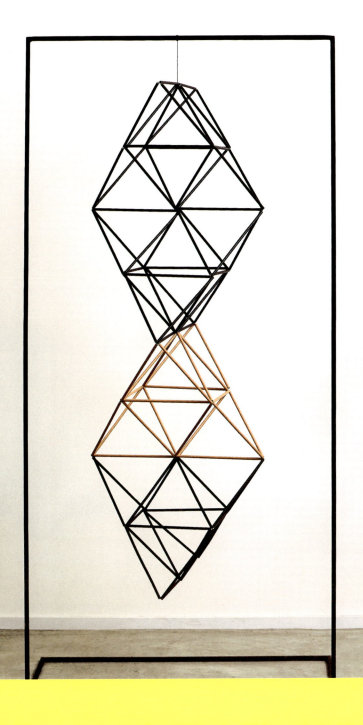

X

キエッコ

フィンランド語でアイスホッケーのパックを指す"キエッコ"。その名のとおり丸いフェルトでパックを表現した作品です。

HOW TO MAKE P.110

35

ペーパーストローヒンメリの材料と道具

ヒンメリづくりを楽しむ前に、必要な材料、道具を揃えましょう。ストローにマスキングテープを貼ったり、ペーパーオーナメントや毛糸のポンポンなどと合わせるアレンジもおすすめです。

BASIC

❶ 糸／10番〜20番レース糸
ペーパーストローをつないだり吊るす際に使用。※最初に150cm程度にカットし、足りなくなったら糸をつないで使用。

❷ 木工用ボンド（速乾タイプ）
糸処理やフェルトパーツを固定する際に。

❸ はさみ
工作用ばさみは糸や紙、テープなどを切る際に。収穫はさみ（キッチンばさみでも可）は固いペーパーストローを切る際に使用。

❹ マスキングテープ
1.5cm幅のテープタイプ。ストローに好みの色や模様をつけて。／mt マスキングテープ

❺ ペーパーストロー
黒、白の無地タイプとクラフト紙を使用。

❻ 針
ぬいぐるみ用の長針やビーズ用のビッグアイニードルなどの針を使用。

❼ 定規
ペーパーストローや糸の長さを測る。

ARRANGE

❶ 毛糸　毛糸のポンポンの材料。／ハマナカ ピッコロ（ハマナカ:col.43、25、22他）
❷ ポンポンメーカー　毛糸のポンポンをつくる際に使用。／スーパーポンポンメーカー（クロバー:サイズ65mm、45mm）
❸ シール　2枚を貼り合わせ飾りに。／mt CASAシール（直径5cm）、シールS（直径3.5cm）
❹ フェルト　ヒンメリのパーツとして。／フェルト丸パーツ（直径3cm、2cm）
❺ カラーペーパー　オーナメントをつくる際に使用。／クロマティコ NT ラシャ
❻ ウッドアーム　パーツを吊るしてモビールに。（全長13cm）

ペーパーストローの準備

❶ ペーパーストローの長さは19.5〜21cmと、幅があります。サイズごとに分類し、同じ長さのものを選んでください。1〜2mmの誤差は、仕上がりに大きな影響はありません。

❷ マスキングテープをお好みの長さにカットし、自由にアレンジします。

❸ 定規で使用サイズを測り、鉛筆などで目印を付けてカット。その際、ストローの切り口がつぶれることがあるので、指で形を整えてください。

105

HOW TO MAKE

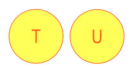

P.98

ベーシックA・B

26 〜 30　サイズは下記材料欄参照　※オーナメントの型紙はP.111

〈基本パーツ〉

正八面体
P.50

26

4.5cm ポンポン
- 3cm
- 3cm
▲1

ポンポンの結束糸を使用
- 10cm
▲2

6.5cm ポンポン

材料
- 一番上のポンポンからの長さ H44cm×W11.5cm×D11.5cm
- 糸　150cm〜
- ペーパーストロー　白無地…10cm×12本 ※1本約20cmのストロー6本を半分にカット
- マスキングテープ mtマスキングテープ（1.5cm×10m）…みず色、ショッキングピンク、ショッキングイエロー　他
- 毛糸のポンポン ハマナカ ピッコロ…col.7（オレンジ）8g（直径6.5cm1個）、22（ピンク）2g（直径4.5cm1個）、25（黄色）2g（直径4.5cm1個）

つくり方
1. カットする前のペーパーストロー6本にマスキングテープを自由に貼ってアレンジをする。
2. ①を約10cmにカットし、正八面体をつくる。→P.50参照
3. 直径4.5cmのピンクと黄色のポンポンを1個ずつ、6.5cmのオレンジのポンポンを1個つくる。→下記参照
4. ▲1に糸を連結し、針で黄色とピンクのポンポンの中心を貫通させ、指定の位置にボンドで固定し、余分な糸をカットする。
5. ▲2にオレンジのポンポンをつくったときの結束糸を連結し、残った糸の処理をする。

27

丸型（大）
- 10cm
▲3
▲4
- 10cm

丸型（大）

材料
- 一番上のオーナメントからの長さ H47cm×W11.5cm×D11.5cm
- 糸　150cm〜
- ペーパーストロー クラフト紙…10cm×12本 ※1本約20cmのストロー6本を半分にカット
- マスキングテープ mtマスキングテープ（1.5cm×10m）…ストライプ・ブラック、ゆらぎタイル・黒　他
- ペーパーオーナメント ペーパー（NTラシャ）ブラック…4枚（丸型（大）2個）

つくり方
1. カットする前のペーパーストロー6本にマスキングテープを自由に貼ってアレンジをする。
2. ①を約10cmにカットし、正八面体をつくる。→P.50参照
3. 丸型（大）のペーパーオーナメントを2個つくる。→P.107参照
4. 各オーナメントに糸を付け、▲3と▲4に連結し、残った糸の処理をする。

29

▲8
- 4cm

丸型（大）

材料
- ヒンメリ本体の長さ H15cm×W11.5cm×D11.5cm
- 糸　150cm〜
- ペーパーストロー クラフト紙…10cm×12本 ※1本約20cmのストロー6本を半分にカット
- マスキングテープ mtマスキングテープ（1.5cm×10m）…マットブラック　他
- ペーパーオーナメント ペーパー（クロマティコ）ロイヤルブルー…2枚（丸型（大）1個）

つくり方
1. カットする前のペーパーストロー6本にマスキングテープを貼ってアレンジする。
2. ①を約10cmにカットし、正八面体をつくる。→P.50参照
3. 丸型（大）のペーパーオーナメントを1個つくる。→P.107参照
4. 丸型（大）の上部に糸を付け、正八面体の中に入れ、指定の長さで▲8に連結し、もう1本はカットし糸処理をする。

毛糸のポンポンのつくり方

1. スーパーポンポンメーカーのアーム片方ずつに毛糸を巻く。45mm…片方80回、65mm…片方200回。

2. アームのみぞに沿って毛糸をはさみでカットする。

3. 中心を糸で結束し、アームを外す。

4. 糸をカットし、結び目にボンドをつける。

5. はさみでポンポンの形を整える。

※ポンポンをヒンメリに吊るすときは、あらかじめ結束用の糸を長めにとっておき、片方はカット、もう片方は吊るし糸として使用する。

28

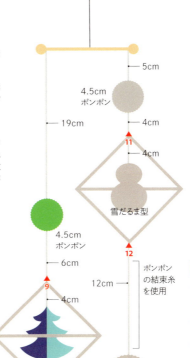

材料

ウッドアームからの長さ
H60cm×W20cm×D11.5cm

- 糸　150cm〜
- ペーパーストロー
  白無地…10cm×24本
  ※1本約20cmのストロー12本を半分にカット
- マスキングテープ
  mtマスキングテープ（1.5cm×10m）…みず色、ショッキングピンク、ショッキングイエロー　他
- ペーパーオーナメント
  ペーパー（クロマティコ）
  アクア…4枚（丸型（小）2個）、イエロー…2枚（ハート型1個）、イエロー×スプリンググリーン…各1枚（丸型（大）1個）、ベリーピンク×マンゴー…各1枚（チョウ型1個）
- その他　ウッドアーム…1本

つくり方

❶ カットする前のペーパーストロー12本にマスキングテープを自由に貼ってアレンジをする。
❷ ①を約10cmにカットし、正八面体を2個つくる。→P.50参照
❸ 丸型（小）2個、ハート型1個、丸型（大）1個、チョウ型1個のペーパーオーナメントをつくる。下記参照
❹ 丸型（小）に糸を付け、指定の長さで▲6に連結する。
❺ ハート型に糸を付け、正八面体の中に入れ、指定の長さで▲5に連結する。
❻ もう1個の丸型（小）の上下に糸を付け、下部は指定の長さで▲5に連結し、上部はウッドアームに指定の長さで吊り下げ、残った糸の処理をする。
❼ チョウ型の上下に糸を付け、下部は指定の長さで正八面体の▲7に連結し、上部は丸型（大）の下部に連結する。丸型（大）の上部にも糸を付け、指定の長さでウッドアームに吊り下げ、残った糸の処理をする。
❽ ウッドアームの中央に吊り下げ糸を付ける。→P.86参照

30

材料

ウッドアームからの長さ
H55cm×W20cm×D11.5cm

- 糸　150cm〜
- ペーパーストロー
  白無地…10cm×24本
  ※1本約20cmのストロー12本を半分にカット
- マスキングテープ
  mtマスキングテープ（1.5cm×10m）…ショッキングピンク、ショッキングイエロー、グリーン　他
- 毛糸のポンポン　ハマナカ ピッコロ…col.43（青）2g（直径4.5cm1個）、10（緑）2g（直径4.5cm1個）、1（白）10g（直径4.5cm1個、直径6.5cm1個）
- ペーパーオーナメント
  ペーパー（クロマティコ NT ラシャ）ロイヤルブルー×アクア…各1枚（ツリー型1個）、ホワイト…2枚（雪だるま型1個）
- その他　ウッドアーム…1本

つくり方

❶ カットする前のペーパーストロー12本にマスキングテープを自由に貼ってアレンジする。
❷ ①を約10cmにカットし、正八面体を2個つくる。→P.50参照
❸ 直径4.5cmの青、緑、白のポンポンを1個ずつ、6.5cmの白のポンポンを1個つくる。→P.106参照
❹ ツリー型、雪だるま型のペーパーオーナメントを1個ずつつくる。→下記参照
❺ 青のポンポンをつくった際の結束糸で指定の長さで正八面体の▲10に連結する。
❻ ツリー型の上部に糸を付け、正八面体の中に入れ、指定の長さで▲9に連結する。
❼ ▲9に糸を付け、針で緑のポンポンに貫通させ、指定の位置にボンドで固定する。そのまま指定の長さでウッドアームに吊り下げる。
❽ 直径6.5cmの白のポンポンをつくったときの結束糸で、正八面体の▲12に指定の長さで連結する。
❾ 雪だるま型の上部に糸を付け、正八面体の中に入れ、指定の長さで▲11に連結する。
❿ ▲11に糸を付け、針で直径4.5cmの白いポンポンに貫通させ、指定の位置にボンドで固定する。そのままウッドアームに吊り下げる。
⓫ ウッドアームの中央に吊り下げ糸を付ける。→P.86参照

※2つのオーナメント、もしくはヒンメリと連結させるときは、あらかじめ糸を長めにとっておき、固結びした後吊るし糸として使用する。

ペーパーオーナメントのつくり方

※オーナメントの型紙はP.111

❶ お好みの色のペーパー（クロマティコ NT ラシャなど）を2枚合わせて二つ折りにする。

❷ 2枚を重ねたまま、型紙（P.111参照）のサイズにカットする。

❸ ②の山折り（折り目）同士を2枚重ね、上下に針で穴を開け、糸を通し固結びする。結び目にボンドをつけ、短い方の糸を結び目近くでカットする。

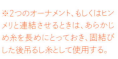

HOW TO MAKE

P.100

V デコA・B

31　32　サイズ H57cm × W41cm × D41cm

〈基本パーツ〉

四角すい(2×2)
P.58

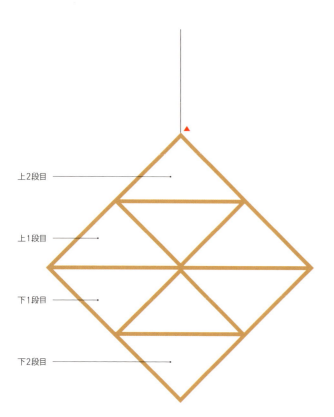

- 上2段目
- 上1段目
- 下1段目
- 下2段目

31

材料

- 糸　150cm〜
- ペーパーストロー
  白無地…60本
- マスキングテープ
  mtマスキングテープ
  (1.5cm×10m)…
  みず色、ショッキングピンク、
  ショッキングイエロー　他
- シール
  mt CASA シール
  (直径5cm)
  ボーダー/ライラック…2枚
  ボーダー/橙…2枚
  ストライプ/レモン…6枚
  ストライプ/ブルー…4枚
  ドット/ミント…2枚
  ドット/萌黄…2枚
  ショッキングレッド…2枚

  mt CASA シールS
  (直径3.5cm)
  ショッキングレッド…6枚
  ショッキンググリーン…6枚

32

材料

- 糸　150cm〜
- ペーパーストロー
  クラフト紙…60本
- マスキングテープ
  mtマスキングテープ
  (1.5cm×10m)…
  ストライプ・ブラック、ゆらぎ
  タイル・黒　他

つくり方 共通

1. すべてのペーパーストローにマスキングテープを自由に貼ってアレンジする。
   以降の手順はP.67【ディメンシオ】のつくり方同様。
2. 上1段目をつくる。
3. ②を裏返し、同様に下1段目をつくる。
4. 下2段目をつくる。
5. ④を裏返し、同様に上2段目をつくる。
6. ▲に吊り下げ糸を結び、1本は吊り下げ糸に、もう1本はカットし糸処理をする。
7. お好みの位置（ペーパーストロー）に、シール2枚を貼り合わせてデコレーションする。

108

W

キネティック

P.102

33 サイズH140cm×W40cm×D40cm　**34** サイズH110cm×W40cm×D40cm

〈基本パーツ〉

正八面体　P.50

正四面体　P.52

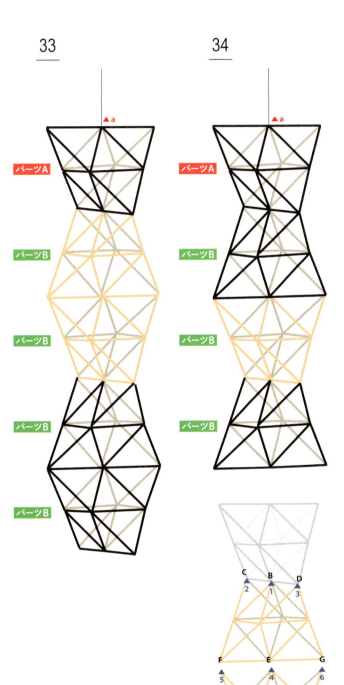

図1

33

材料
- 糸　150cm～
- ペーパーストロー
  黒無地…約20cm×68本
  クラフト紙…約20cm×44本

34

材料
- 糸　150cm～
- ペーパーストロー
  黒無地…約20cm×68本
  クラフト紙…約20cm×22本

つくり方 共通

1. 黒無地ストローで正四面体のパーツAを1個つくる。→P.52参照
2. パーツBの変形四面体を、黒無地ストローで2個、クラフト紙ストローで2個つくる。→下記参照　※作品34、パーツBは黒無地ストロー2個、クラフト紙ストロー1個
3. 正四面体▲aに吊り下げ糸を結び、1本は吊り下げ糸に、もう1本はカットし糸処理をする。
4. 図1のとおりに、上から▲1～▲6の6点とB～Gの6点を約10cmの糸で固結びし、すべてのパーツを連結する。残った糸の処理をする。

変形四面体のつくり方

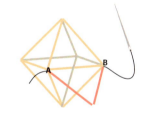

1. 正八面体をつくる。→P.50参照
2. Aからストロー2本に糸を通し、Bに針を出し、2回くぐらせる。

3. B→C、C→D、D→Aの順に、ストロー2本で4つの三角形をつくる。

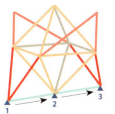

4. ▲1からストロー1本に糸を通し、▲2に渡し、固結びをする。同様に▲2からストロー1本に糸を通し、▲3に渡し、固結びをする。残った2つの三角をはね上げて、上のパーツと連結させる。

HOW TO MAKE

P.104

キエッコ

35 サイズ H56cm × W24cm × D24cm

〈基本パーツ〉
正八面体
P.50

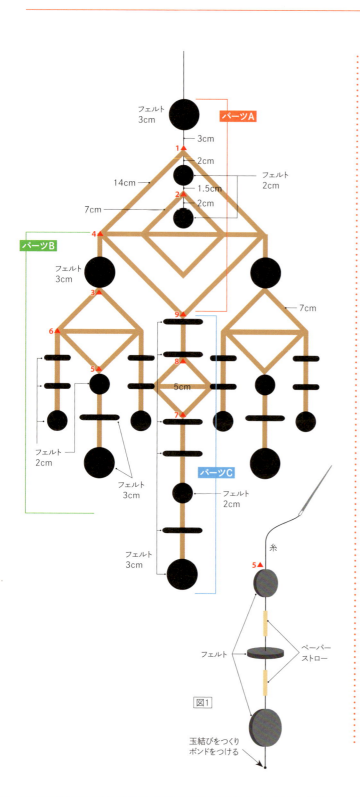

図1

材料

糸　150cm〜

パーツA　1個
- ペーパーストロー
  クラフト紙…14cm×12本（14cmの正八面体）
  クラフト紙…7cm×12本（7cmの正八面体）
- フェルト丸パーツ（4mm厚）　3cm…1個／2cm…2個
- 糸

パーツB　4個
- ペーパーストロー
  クラフト紙…7cm×48本
- フェルト丸パーツ（4mm厚）
  3cm…12個
  2cm…52個
- つなぎペーパーストロー　3cm×60本

パーツC　1個
- ペーパーストロー
  クラフト紙…5cm×12本
- フェルト丸パーツ（4mm厚）　3cm…6個／2cm…1個
- つなぎペーパーストロー　3cm×5本

つくり方

❶ パーツAをつくる。
1　14cmの正八面体を1個、7cmの正八面体を1個つくる。→P.50参照
　2cmのフェルト（側面）に針で糸を通し、7cmの正八面体の中に入れ、指定の長さで▲2に連結する。
2　1の連結糸を使って2cmのフェルト（側面）に針で糸を通し、▲2と▲1の間の指定の位置にボンドで固定し▲1に連結する。そのまま針で3cmのフェルト（側面）を通し、指定の位置にボンドで固定し、残り糸を吊り下げ糸にする。

❷ パーツCをつくる。
1　3cmのフェルト（側面）に針で糸を通し、図のとおりにフェルトとつなぎペーパーストローを通し、5cmの正八面体の▲7に連結する。
2　▲8に糸を付け、図の通りに針で3cmのフェルト（平面）とつなぎペーパーストローを通し、パーツAの▲9に連結する。

❸ パーツBをつくる。
1　7cmの正八面体を4個つくる。→P.50参照
2　3cmのフェルト（側面）に糸を通し、つなぎペーパーストロー、3cmのフェルト（平面）、つなぎペーパーストロー、2cmのフェルト（側面）の順につなげ、▲5に連結する。（図1参照）
3　2cmのフェルト（側面）に糸に通し、つなぎペーパーストロー、フェルト（平面）、つなぎペーパーストロー、フェルト（平面）、つなぎペーパーストローの順につなげ、正八面体の▲6に吊り下げる。これを4隅に吊り下げる。
4　▲3に糸を付け、針で3cmのフェルト（側面）に通し、つなぎペーパーストローを通し、▲4に吊り下げる。これを4個つくり、パーツAの4隅に吊り下げる。

❹ すべてのパーツを連結したら、残った糸の処理をする。

ペーパーオーナメント型

※P106、107で使用する
オーナメントの原寸です。

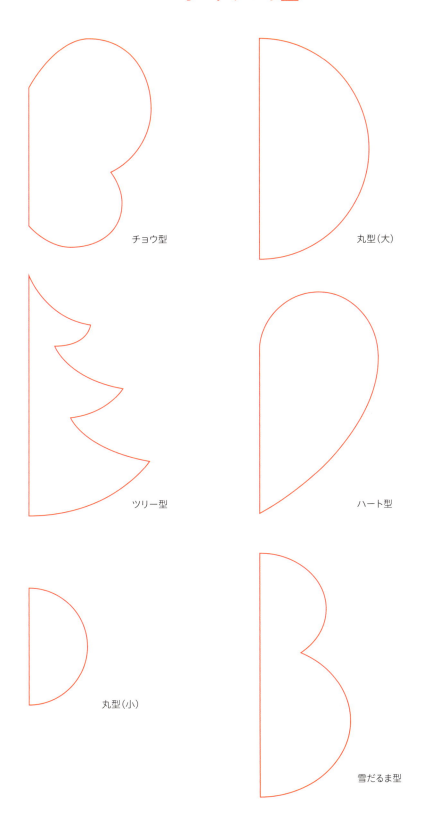

チョウ型

丸型（大）

ツリー型

ハート型

丸型（小）

雪だるま型

山本睦子

ヒンメリ作家、グラフィックデザイナー、北海道フィンランド協会常任理事。フィンランドで生活し、北欧のデザインや暮らしを体験。フィンランド語の師である川上Seija氏からヒンメリの制作や文化・日々の暮らしなど、フィンランドの人々の「心」と「ライフスタイル」を学ぶ。現在は作品制作、展示、ワークショップを通して麦わらで作るフィンランドの伝統装飾品の素晴らしさを伝えるとともに、ペーパーストローを使ったヒンメリやマスキングテープでアレンジしたシリーズ「アイノ」など新感覚のヒンメリも創作し活動を行なっている。

himmelin-aika.com

撮影　島根道昌
　　　加藤幸雄（P.32-33、P.42-43）
デザイン　ギール・プロ
編集　武智美恵／佐倉光
進行　古池日香留

材料協力

ドイツのクリスマス雑貨 ザイフェン（麦わら）
〒769-0105　香川県高松市国分寺町柏原462-8
TEL.087-899-2540（代）
http://www.seiffen.jp
info@seiffen.jp

カモ井加工紙株式会社
「mt」プロジェクト事務局（マスキングテープ）
〒710-0805　岡山県倉敷市片島町236
TEL.086-465-5800（代）

ハマナカ株式会社（毛糸）
〒616-8052　京都府京都市右京区花園藪ノ下町2-3
TEL.075-463-5151（代）

大丸藤井セントラル株式会社（文具）
〒060-0061　北海道札幌市中央区南1条西3-2
TEL.011-231-1131（代）

クロバー株式会社（ポンポンメーカー）
〒537-0025　大阪市東成区中道3-15-5
TEL.075-6978-2277

撮影協力

株式会社スキャンデックス
〒104-0045　東京都中央区築地4-4-12
TEL.03-3543-3453（代）

アームスタンド（P.14）、ウッドアーム（P.36、98）に関するお問い合わせ
https://www.himmelin-aika.com
info@himmelin-aika.com

北欧フィンランドの伝統装飾モビール

ヒンメリをつくる

2018年11月16日　発　行　　　　　　　　NDC594
2023年 4月 6日　第3刷

著　者　山本睦子
発行者　小川雄一
発行所　株式会社 誠文堂新光社
　　　　〒113-0033　東京都文京区本郷3-3-11
　　　　電話 03-5800-5780
　　　　https://www.seibundo-shinkosha.net/
印刷・製本　大日本印刷 株式会社

©Mutsuko Yamamoto. 2018　　　　　Printed in Japan

本書掲載記事の無断転用を禁じます。

落丁本・乱丁本の場合はお取り替えいたします。

本書の内容に関するお問い合わせは、小社ホームページのお問い合わせフォームをご利用いただくか、上記までお電話ください。

本書に掲載された記事の著作権は著者に帰属します。これらを無断で使用し、バザーなどでの販売、講習会やワークショップ、および商品化等を行うことを禁じます。
※ただし、P.111掲載の型紙については、私的利用に限りコピーしてお使いください。

[JCOPY]〈（一社）出版者著作権管理機構 委託出版物〉
本書を無断で複製複写（コピー）することは、著作権法上での例外を除き、禁じられています。本書をコピーされる場合は、そのつど事前に、（一者著作権管理機構（電話03-5244-5088／FAX 03-5244-5089／e-mail:info@jc社）出版opy.or.jp）の許諾を得てください。

ISBN978-4-416-51636-2